絵でみる
江戸の町とくらし図鑑

善養寺ススム 絵・文
江戸人文研究会 編

時代小説のお供に

はじめに

私は上野・善養寺町《ぜんようじちょう》に店を構えます、貸本屋の善右衛門《ぜんえもん》と申します。「江戸の用語辞典」に続いて案内役を務めさせていただきます。

本書は、絵図から江戸の人々の生活を知ることを目的に編集し、七つのテーマで構成いたしました。

㊀【江戸の町】は、「江戸城」から始まり、行楽地の「王子《おうじ》」まで、江戸の全体像がみえるよう十六カ所をご紹介します。

㊁【武家の装束】は、代表的な武家の正装や奥勤の装束。

㊂【御役人と刑罰】では、「寺社奉行《じしゃぶぎょう》」「町奉行《まちぶぎょう》」「火附盗賊改《ひつけとうぞくあらため》」それぞれの与力《よりき》、同心《どうしん》の出《い》で立ちと「拷問」「処刑」それに武士の命である刀の特徴などもご紹介します。

㊃【庶民の着物と道具】ここからは、庶民風俗で、庶民の代表的な着物や化粧道具、店道具などをご紹介します。

㊄【庶民の生業《なりわい》】は、庶民の職業をずらっと二百七種描きました。こ

れ以外にも代表的な職業に奉公人《ほうこうにん》というのがございます。女性の奉公職といえば女中《じょちゅう》ですが、これはもともと「宮中で働く女性」という意味で、それが武家や庶民にも使われるようになりました。下女《げじょ》は、お勝手仕事や雑用をし、掃除以外は座敷へはあがりません。男性の場合は、下男《げなん》と呼ばれます。「したおとこ」呼ぶこともあります。若党《わかとう》、中間《ちゅうげん》、足軽《あしがる》、小者《こもの》なんていうのも武家の奉公人でございます。

㊅【江戸《えど》の三火消《さんびけし》】ここでは江戸の三火消《さんびけし》の纏《まとい》と袢纏《はんてん》などをご紹介します。町火消いろは四十八組と本所深川十六組すべてを揃えましたので、お話に登場する火消が必ずわかります。それに加え武家火消の「定火《じょうび》消《けし》」、「大名火消《だいみょうびけし》」から、有名な「加賀火消《かがびけし》」と御役所附の十二家をご紹介します。これほど詳細に描いた絵というのは、なかなかございませんので、とくとご覧頂きたいと思います。

㊆【異国《いこく》】は、江戸の人々がみていました書物から、異国船と異国の人々の姿をご紹介いたします。

絵の多くは、江戸時代の書籍や錦絵を元にしております。今回は「大名行列」や「日本橋の大通り」など、とにかく人の多い絵をたくさん描

きました。それぞれ、楽しそうに、そして活き活きとみえるよう、ひとりひとり名前や性格、今日は何を食べるんだろう？　なんてことも想像しながら描きました。時代小説の向こうに、町の喧噪《けんそう》や人々の動きが感じられますように……と想いを込めまして。

江戸のお洒落《しゃれ》を今に活かす

ところで、江戸文化の楽しみというのは、知るだけに留《とど》めてはもったいないですな。例えば、この本に登場する働く庶民男性の多くは、尻端折《しりっぱしょ》りをしています。裾《すそ》が足に絡まると不便ですし、着物が傷むからです。彼らは冬でも尻端折りでした。江戸中期になりますと、股引《ももひき》と「どんぶり」というポケットの付いた腹掛《はらがけ》など、下着類を庶民が着るようになります。股引は脚にぴったりとフィットした木綿のズボンで、下の絵のようなちょっと不思議な形をしています。鳶《とび》などが履くぶかぶかのものはパッチと呼ばれます縮緬《ちりめん》や絹のズボンです。

　これなんか今日でも上手にやったら粋ですよね。もちろんお出かけには向きませんけど、仕事着や遊び着にはいいんじゃないでしょうか。例

江戸知識の活用㈠

えば、浴衣《ゆかた》の尻を端折って、股引やパッチの替わりに短パンやジーンズでもカッコイイと思います。端折ると着崩れもしにくいので楽ちんです。

　女性には、髪型のお洒落《しゃれ》にお勧めポイントがございます。江戸時代は女性の髪型も華やかに変化した時代で、以前は下げ髪でしたが、江戸にはいって髷《まげ》が主流となり、勝山《かつやま》や島田《しまだ》、兵庫《ひょうご》などが生まれ、鴎髱《かもめづと》や灯籠《とうろう》鬢《びん》などの流行も起こります。それにつれて、着物の襟《えり》を抜くなど、服装にも変化を与えました。そんな中で、ずっと変わらず、個性を演出してきたのが、前髪でございます。下の絵のように、前髪の取り方に工夫を凝らしまして、自分らしいお洒落をしているんですな。

　今日、着物を楽しんでも日本髪までは結ったりしませんが、前髪を取るだけで、ぐっと江戸っぽさと、色っぽさが増しますから、是非お試し頂きたいです。なにしろ前髪を取ることで、江戸のお洒落の必須アイテムである櫛《くし》や簪《かんざし》を使うことができますので、着物の楽しみの幅も広がります。

　こんな風に江戸の知恵やお洒落を、今日の生活の中に活かしてみるのも、一興かと存じます。

江戸知識の活用 ㊁

歴代将軍年表《れきだいしょうぐんねんぴょう》

慶長十年 1605 二代・秀忠	慶長九年 1604	慶長八年 1603 初代・家康	慶長七年 1602	慶長六年 1601	慶長五年 1600 関ヶ原の合戦
元和四年 1618	元和三年 1617 旧吉原認可	元和二年 1616★	元和元年 1615 大坂夏の陣	慶長十九年 1614 大坂冬の陣	慶長十八年 1613
寛永八年 1631	寛永七年 1630	寛永六年 1629	寛永五年 1628 ノイツ事件	寛永四年 1627	寛永三年 1626
正保元年 1644	寛永二十年 1643	寛永十九年 1642	寛永十八年 1641	寛永十七年 1640	寛永十六年 1639 ポルトガル排斥
明暦三年 1657 明暦の大火	明暦二年 1656	明暦元年 1655	承応三年 1654 玉川上水完成	承応二年 1653	承応元年 1652
寛文十年 1670	寛文九年 1669	寛文八年 1668	寛文七年 1667	寛文六年 1666	寛文五年 1665
天和三年 1683	天和二年 1682 天和の大火	天和元年 1681	延宝八年 1680★ 五代・綱吉	延宝七年 1679	延宝六年 1678
元禄九年 1696	元禄八年 1695	元禄七年 1694	元禄六年 1693 新大橋架橋	元禄五年 1692	元禄四年 1691
宝永六年 1709★ 六代・家宣	宝永五年 1708	宝永四年 1707 富士山噴火	宝永三年 1706	宝永二年 1705	宝永元年 1704
享保七年 1722	享保六年 1721	享保五年 1720	享保四年 1719	享保三年 1718 町火消設置	享保二年 1717
享保二十年 1735	享保十九年 1734	享保十八年 1733	享保十七年 1732	享保十六年 1731	享保十五年 1730
寛延元年 1748	延享四年 1747	延享三年 1746	延享二年 1745 九代・家重	延享元年 1744	寛保三年 1743
宝暦十一年 1761★	宝暦十年 1760 十代・家治	宝暦九年 1759	宝暦八年 1758	宝暦七年 1757	宝暦六年 1756
安永三年 1774 吾妻橋架橋	安永二年 1773	安永元年 1772 明和の大火	明和八年 1771	明和七年 1770	明和六年 1769
天明七年 1787 十一代・家斉	天明六年 1786★	天明五年 1785	天明四年 1784 天明大飢饉悪化	天明三年 1783 浅間山噴火	天明二年 1782
寛政十二年 1800	寛政十一年 1799	寛政十年 1798 寄席人気	寛政九年 1797	寛政八年 1796	寛政七年 1795
文化十年 1813	文化九年 1812	文化八年 1811	文化七年 1810	文化六年 1809	文化五年 1808
文政九年 1826	文政八年 1825 異国船打払令	文政七年 1824	文政六年 1823	文政五年 1822	文政四年 1821
天保十年 1839	天保九年 1838	天保八年 1837 十二代・家慶	天保七年 1836	天保六年 1835	天保五年 1834
嘉永五年 1852 翌年：ペリー来港	嘉永四年 1851 ジョン万次郎帰国	嘉永三年 1850	嘉永二年 1849	嘉永元年 1848	弘化四年 1847
慶応元年 1865	元治元年 1864 長州征伐	文久三年 1863	文久二年 1862	文久元年 1861	万延元年 1860 桜田門外変

★は没年

慶長十七年 1612 禁教令	慶長十六年 1611	慶長十五年 1610	慶長十四年 1609 オランダ船来港	慶長十三年 1608	慶長十二年 1607	慶長十一年 1606
寛永二年 1625	寛永元年 1624	元和九年 1623 三代・家光	元和八年 1622	元和七年 1621	元和六年 1620	元和五年 1619
寛永十五年 1638	寛永十四年 1637 島原天草の乱	寛永十三年 1636	寛永十二年 1635 鎖国令	寛永十一年 1634 寛永通宝発行	寛永十年 1633	寛永九年 1632★
慶安四年 1651★ 四代・家綱	慶安三年 1650	慶安二年 1649	慶安元年 1648 庶民帯刀禁止	正保四年 1647	正保三年 1646	正保二年 1645
寛文四年 1664	寛文三年 1663	寛文二年 1662	寛文元年 1661	万治三年 1660	万治二年 1659 両国橋架橋	万治元年 1658 定火消設置
延宝五年 1677	延宝四年 1676	延宝三年 1675	延宝二年 1674	延宝元年 1673 三越開店	寛文十二年 1672	寛文十一年 1671 伊達騒動
元禄三年 1690	元禄二年 1689	元禄元年 1688 生類憐み令	貞享四年 1687	貞享三年 1686	貞享二年 1685	貞享元年 1684
元禄十六年 1703	元禄十五年 1702 赤穂浪士討入	元禄十四年 1701	元禄十三年 1700	元禄十二年 1699	元禄十一年 1698 永代橋架橋	元禄十年 1697
享保元年 1716★ 八代・吉宗	正徳五年 1715	正徳四年 1714 江島生島事件	正徳三年 1713 七代・家継	正徳二年 1712★	正徳元年 1711	宝永七年 1710
享保十四年 1729	享保十三年 1728	享保十二年 1727	享保十一年 1726	享保十年 1725	享保九年 1724	享保八年 1723
寛保二年 1742	寛保元年 1741	元文五年 1740	元文四年 1739	元文三年 1738	元文二年 1737 飛鳥山開発	元文元年 1736
宝暦五年 1755	宝暦四年 1754	宝暦三年 1753	宝暦二年 1752	宝暦元年 1751★	寛延三年 1750	寛延二年 1749
明和五年 1768	明和四年 1767	明和三年 1766	明和二年 1765	明和元年 1764	宝暦十三年 1763	宝暦十二年 1762
天明元年 1781 大相撲人気	安永九年 1780	安永八年 1779	安永七年 1778	安永六年 1777	安永五年 1776	安永四年 1775
寛政六年 1794	寛政五年 1793	寛政四年 1792	寛政三年 1791	寛政二年 1790	寛政元年 1789	天明八年 1788
文化四年 1807 永代橋崩壊	文化三年 1806	文化二年 1805	文化元年 1804	享和三年 1803 八百善人気	享和二年 1802	享和元年 1801
文政三年 1820	文政二年 1819	文政元年 1818	文化十四年 1817	文化十三年 1816	文化十二年 1815	文化十一年 1814
天保四年 1833 天保飢饉	天保三年 1832 鼠小僧捕縛	天保二年 1831	天保元年 1830	文政十二年 1829	文政十一年 1828	文政十年 1827
弘化三年 1846	弘化二年 1845	弘化元年 1844	天保十四年 1843	天保十三年 1842	天保十二年 1841★	天保十一年 1840
安政六年 1859	安政五年 1858★ 十四代・家茂	安政四年 1857 翌年：安政の大獄	安政三年 1856	安政二年 1855 安政大地震	安政元年 1854	嘉永六年 1853★ 十三代・家定
明治十八年 1885 内閣発足	明治十年 1877 西南戦争終結	明治四年 1871 廃藩置県	明治二年 1869 戊辰戦争終結	明治元年 1868 五箇条の御誓文	慶応三年 1867 大政奉還	慶応二年 1866★ 十五代・慶喜

大名行列《だいみょうぎょうれつ》

参勤交代《さんきんこうたい》によって、たくさんの人とお金が日本中を移動し、情報や文化が日本各地へ定期的に広がっていきます。また、街道は常に快適に使えるよう整備されています。

　こちらは新宿一帯に二十万坪の屋敷を持つ、幕府奏者番《そうじゃばん》の高遠藩《たかとおはん》・内藤家三万三千石の行列で、甲州街道を藩主・頼卿《よりのり》が初入《はついり》（初めて領国へ入る）する様子です。描かれた人物は、駕籠に乗る者、馬子を含めて三百六十五名に及びます。

　ちなみに大名のほとんどは江戸生まれです。

内藤頼卿公御初入行列之図より

挟箱
小納戸長持
御刀筒
茶弁当箱
毛槍
大目付
御医師
茶弁当箱
御坊主

槍持
御書役
家老
公衆便所
御物頭
長刀持
道中奉行
御牽馬

物頭
側衆
陸尺
御殿様
医者
馬廻
御刀持
先箱
具足持
御先馬役
合羽籠
御指物竿
御矢箱
御先手組
鉄砲組組頭
弓組組頭
町役人
御先棒・露払

御大小筒
御徒組
御徒組頭
槍持
厩目付
御先馬
御鉄砲組
先頭
明荷

五街道《ごかいどう》と航路《こうろ》

江戸の大商《おおあきない》といえば、諸国物産の取引です。それには街道と航路の発展が欠かせません。

こちらは江戸幕府によって整備された五街道と海運の要となる主要航路図でございます。「奥州街道《おうしゅうかいどう》」と「日光街道《にっこうかいどう》」は、宇都宮まで同じ道で、陸奥《むつ》・出羽《でわ》、日光東照宮への道です。他の三街道は京都へつながる道で、「東海道」は最も重要な街道ですが、大きな川が多く、大雨が降ると川留《かわどめ》に遭います。「中山道《なかせんどう》」は、山の多い道ですが川越えのない道です。「甲州《こうしゅう》街道」は戦の際に、将軍が江戸か

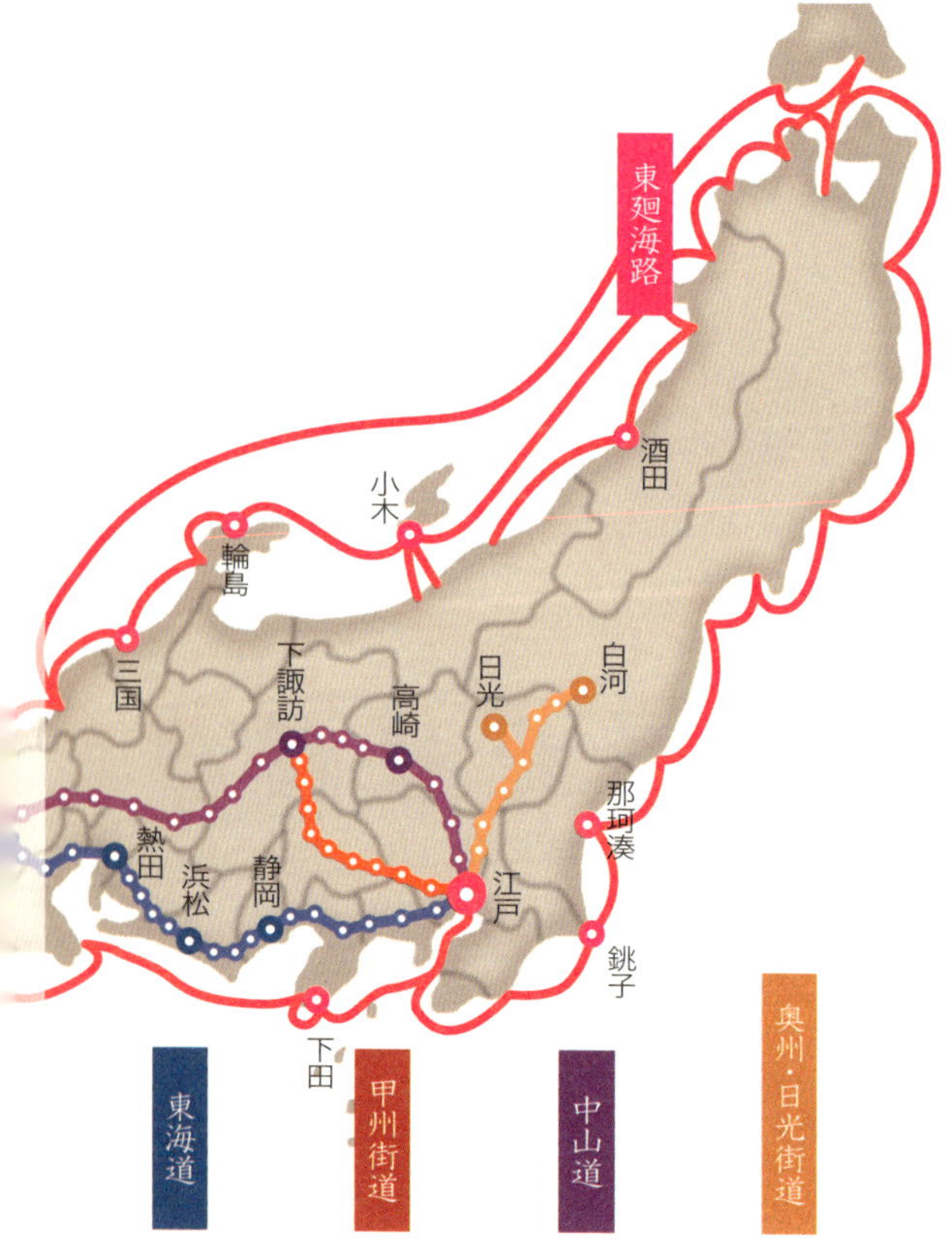

ら甲州へ素早く退避する道として整備されたものです。

大量の商品は主に海路で運ばれました。もともとは江戸の町を造る際に、諸国大名が物資を運ぶために開拓したものです。商いで最も重要な「南海路《なんかいろ》」は、檜垣廻船《ひがきかいせん》や樽廻船《たるかいせん》が使いました。「東廻《ひがしまわり》海路《かいろ》」「西廻海路」は共に蝦夷《えぞ》や日本海側の物資を江戸や大坂に運ぶ航路です。西廻の廻船は「北前船《きたまえぶね》」と呼ばれ、瀬戸内海を経て大坂、江戸までまいります。この航路はもともと、琉球や東南亜細亜《あじあ》の交易にも使われていました。輸出された物産は俵物《たわらもの》と呼ばれる干貝柱、干鮑《ほしあわび》、煎海鼠《いりなまこ》、それに鱶鰭《ふかひれ》、昆布といった海産物や金銀などです。

樽廻船

大坂～江戸を結ぶ物流船。幕府によって船の大きさや帆の数が制限されていた

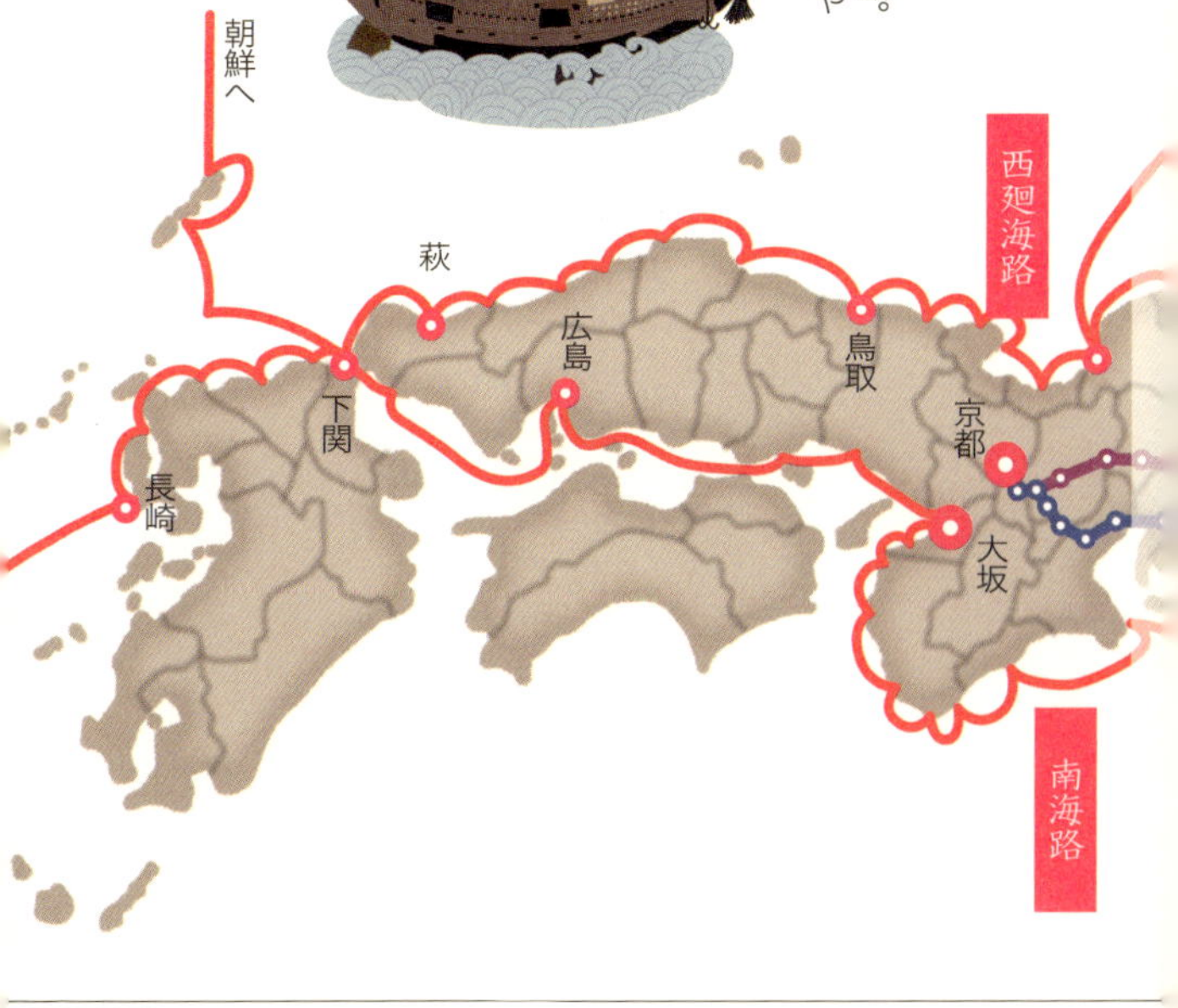

目次

庶民《しょみん》の生業《なりわい》

目次

目次

目次

目次

江戸《えど》の火消《ひけし》

異国《いこく》

江戸《えど》の町《まち》

江戸時代には風景画もたくさん描かれ、本や錦絵として人気です。これらの多くは、空の高いところからみた町の風景ですが、こういった描き方を「鳥瞰図《ちょうかんず》」と申します。もちろん、飛行機や気球などに乗ってスケッチしたわけではなく、絵師の想像で描き出すのです。これを、どんな方が買うのかと申しますと、参勤交代《さんきんこうたい》の御供《おとも》の武士や商用などで地方から江戸を訪れた方がお土産《みやげ》にします。江戸の賑わいや壮大さを土産話と共に語るのが大変喜ばれますので。

ここで紹介する絵は、主に長谷川雪旦《せったん》の描いた「江戸名所図会」を元にしております。江戸の中心地から、余暇を楽しむ名所などが、それを楽しむ人々と共に活き活きと描かれています。

江戸城《えどじょう》

江戸の中心、江戸城です。千代田城とも呼ばれます。この絵は寛永（一六二四～一六四四）の頃の江戸城で、壮大な江戸普請《えどぶしん》がひと通り完成した状態でございます。大きな御城ですが、これでも描かれているのは将軍の使う本丸と二ノ丸付近のみで、他に「西ノ丸」「三ノ丸」「吹上《ふきあげ》」「北ノ丸」があります。つまりこれは、御城の中心部分だけです。さらに、この手前に「御曲輪内《おくるわうち》」と呼ばれる主要大名の屋敷街があり、その外に外堀があります。

中央に五層の天守閣（本丸）が聳《そび》えていますが、この姿は僅か二十三年しかみられませんでした。

明暦三年（一六五七）に起きた明暦《めいれき》の大火《たいか》で焼失したからでございます。天守閣というのは御城の象徴ですので、本来なら再建されるべきものですが、最後までなされませんでした。理由は、町の復興を優先した、予算がなくなった、などなど様々な説があります。

「奥」とは将軍の御家族が暮らす御屋敷で、俗に大奥と呼ばれるのがここです。「中奥《なかおく》」は将軍が普段暮らしている御屋敷です。「表《おもて》」は政《まつりごと》を行う御屋敷で、いわば首相官邸のような部分です。そして右手にある「二ノ丸」は大名や勅使《ちょくし》などと将軍が謁見《えっけん》する御屋敷です。

御《お》曲《くる》輪《わ》内《うち》

江戸城の外堀の内側を御曲輪内と申します。中でも東側の大手前、西ノ丸下、大名小路には、幕府の重臣が屋敷を与えられています。この地図は慶応元年（一八六五）に描かれた切絵図《きりえず》を元にしています。屋敷の所有者は時代によって変わります。

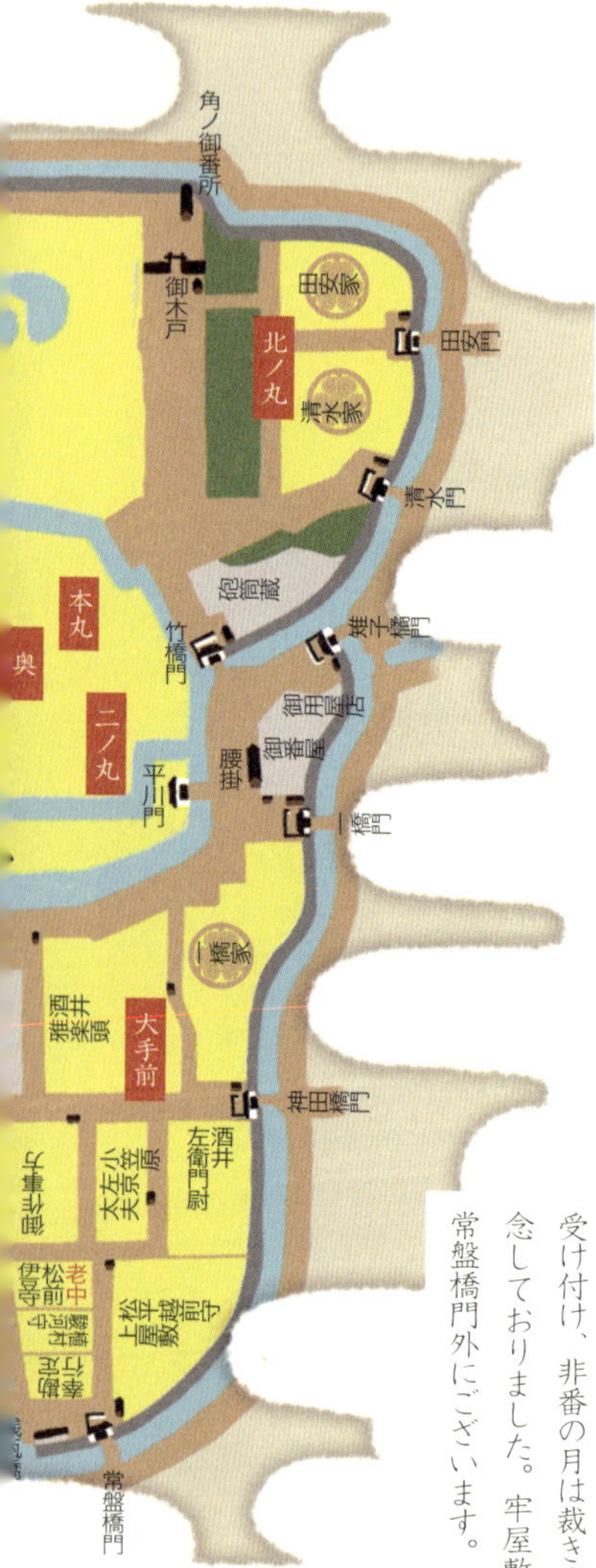

屋敷の名前があちこち向いているのは、正門に字頭を向けて名前を表示してあるからです。武家屋敷は表札を出すことが禁じられていますが、なにしろ屋敷は広大ですので、正面がどちらにあるのかは、とても重要な情報なのです。

ここには町人地はありませんが、町奉行所がありますので庶民も出入りできます。南北ふたつの奉行所は、ひと月交代で訴訟を受け付け、非番の月は裁きや詮議に専念しておりました。牢屋敷は右下の常盤橋門外にございます。

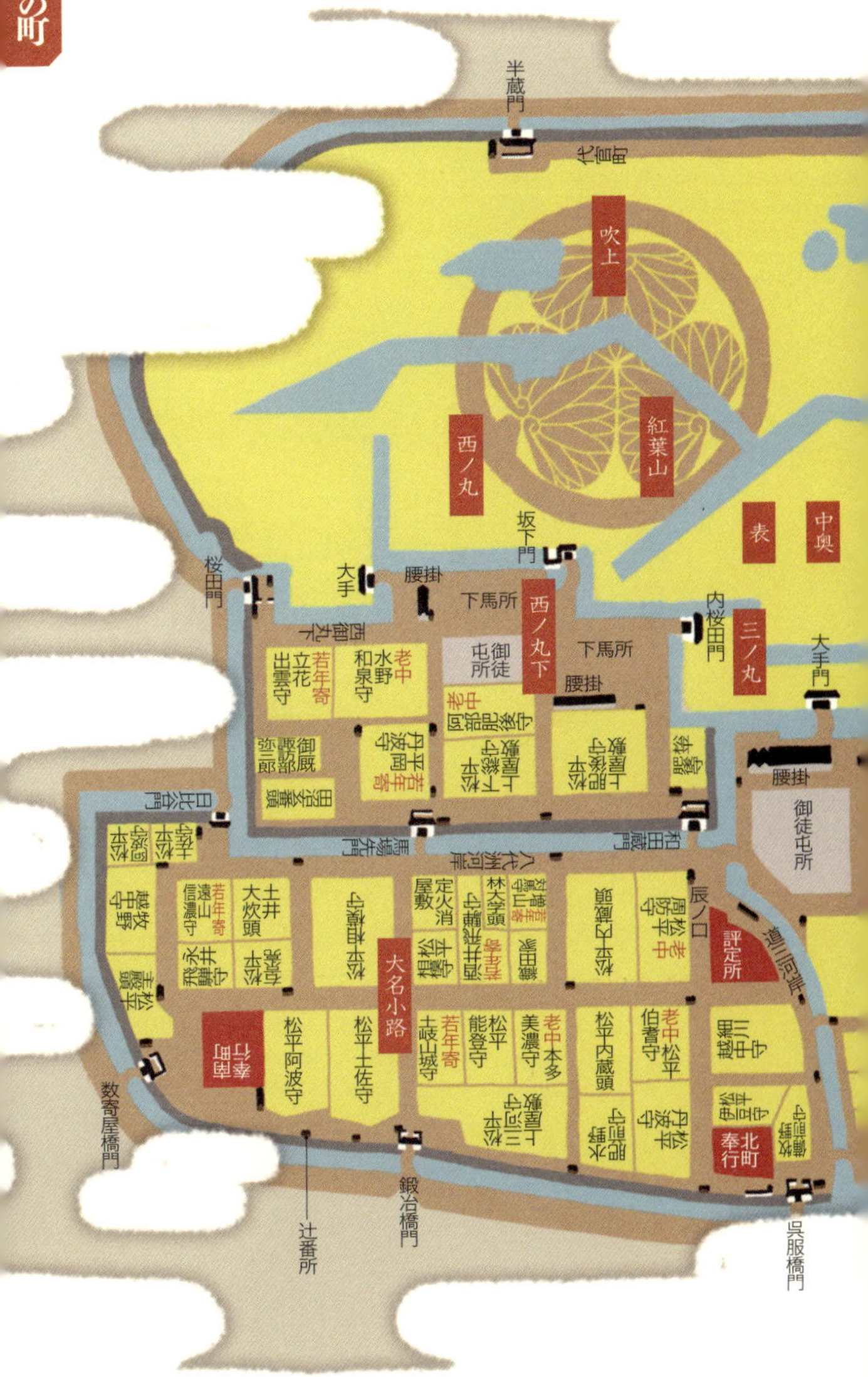

御曲輪内大名小路絵図 より

溜池《ためいけ》

このあたりは、日本橋近辺と比べますと、閑散としていて寂しいですね。人通りも少なく、立ち売りや屋台もほとんどおりません。江戸の五割はこうした武家屋敷でございます。下町と違い、用のない者がぶらぶらすると辻番《つじばん》や屋敷の門番に叱られますから、自然と人通りは限られます。しかし、こういう静かな風景も、江戸らしいもののひとつです。

絵は外堀から溜池を眺めた風景です。今日では霞が関ビル、特許庁などが立ち並ぶ一帯で、この堀は外堀通りになっています。右手が虎ノ門で、堀の向こうにみえる広大なお屋敷は、日向延岡藩主《ひゅうがのべおかはんしゅ》・内藤右近将監《うこんのしょうげん》

上屋敷です。虎ノ門方面で火事があった様子で、火消衆が火事場へ向かって走っています。馬に乗る者がいるので、これは定火消《じょうびけし》や三方火消《さんぼうびけし》などの武家による火消です。

堰堤《つつみ》は、あたりに響く落ちる水の音から「溜池どんどん」という愛称で呼ばれています。堰堤の上にみえますのが溜池《ためいけ》で、ここから赤坂見附までずっと広がっています。溜池とは貯水池のことを申します。しかし、その風景は、今日のダムや溜池と違って、野鳥の舞う広い湿地のようで、風情のある場所です。夜はずいぶん寂しいところで、辻斬りなんかも出没します。

日本橋《にほんばし》通《どお》り

江戸一番の繁華街と申しますと、日本橋の大通りでございますね。文化二年（一八〇五）に描かれました「熈代勝覧《きだいしょうらん》」の一部から、その賑わいをご紹介いたします。

◉

ここは日本橋本町《ほんちょう》二丁目と室町《むろまち》三丁目の木戸です。ここから左へと進み、日本橋の袂《たもと》までご案内……と、その前に絵を外れた右手少し先には「時の鐘」で有名な、十軒店本石町《じっけんだなほんごくちょう》という町があります。その辺は、節句になりますと十軒店と呼ばれる出

店が並び、雛人形《ひなにんぎょう》や武者人形、羽子板などの市が開かれます。

　さて、それでは左へと歩いてまいりましょう。絵の右端、通りに「団《だん》子売《ごうり》」が店を出し、それをねだる子供の姿がみえます。近所の親子か、表店《おもてだな》の子が乳母《うば》に連れてこられたのかもしれません。そして「餌刺《えさし》」(百十四頁《ページ》参照)の姿もみえます。こんな大通りでも鷹の餌にする雀を狙っているようです。交番機能も兼ねる「自身番《じしんばん》」には、軒先に捕縛用《ほばくよう》の三道具《みつどうぐ》が並べてあるのがみえます。漆器屋《しっきや》の店前では「漆《うるし》かき」(百十二頁《ページ》参照)をしている姿がありますね。

表店《おもてだな》の間には、数軒ごとに裏長屋への入口がございます。「廻髪結《まわりがみゆい》」がひとり、裏へ向かっていますね。でもここには木戸がないので、勝手口への通路かもしれません。その隣の横町から出てくるのは芋売《いもうり》でしょうか。ここに木戸らしき屋根がみえますので、奥に長屋があるようです。日本橋あたりの裏長屋はちょっと高級で、二階建など広いものが多くあります。その手前「四《よ》つ手《で》駕籠《かご》」とは、竹製の四本支柱の駕籠をいいます。軽いので商売をしない時はひとりが担いで歩きます。「竈祓《かまどはら》い」は火の神様の祈祷をする人です。反対側から巡礼が来て、孫

を連れたおじいさんや親子連れの姿、それに「扇箱買《おうぎばこかい》」（百十五頁《ページ》参照）らしき姿と、正月の風情がみえますが、他にも初春の風情がみられますので、この絵は特定の日を描いているというより、一月〜三月の風俗といったところです。

「陣笠問屋《じんがさどいや》」では武士が商談しているようです。中間《ちゅうげん》がひとり待っているのがみえます。身分のある武士は私用以外ではひとりでは歩かず、必ず若党《わかとう》や中間《ちゅうげん》など供を連れます。

その隣は「帳面問屋《ちょうめんどいや》」です。看板には大きく「大福帳《だいふくちょう》」と書いてありますので、主に商家の帳面を商っているようです。

「荷を運ぶ男」は前を行く女性のお供です。身分はわかりませんが、漆塗りの長い箱を持たせていますね。尻端折《しりっぱしょり》をしているので、中間《ちゅうげん》なら武家の女性、職人なら商家の女性でしょう。その手前にいる「金比羅参《こんぴらまい》り」は、代理でお参りするという名目の商売で、後ろの男が持つ天狗の飾りを売っています。

道の真ん中では「炭売《すみうり》」を店の下《げ》男《なん》らしき者が呼び止めています。「よう! さっきっから呼んでんのに、なんだい」って感じでちょっと強引に止めてますね。

町木戸は室町三丁目と二丁目の堺で、右が三丁目の木戸番、左は二丁目の自身番です。その辻からずっと連なる大きな店は、三井越後屋でございます。従業員は千人もいますので、世界一の大店です。看板には「呉服物品々」と共に「現金掛値《かけね》なし」と書いてあります。普通の呉服屋さんでは、代金を節句ごとに集金する「ツケ払《ばらい》」をしています。ツケでの価格は掛値という割増し価格でした。越後屋では現金売りする代わりに掛値なしで安く売り、反物の切り売りもするという新しい商売の方法で大いに繁盛しています。

三井越後屋を過ぎると、上絵師《うわえし》（百十三頁《ページ》参照）の店があります。室町に店を構えるのですから、とても有名な絵師の店ですね。その手前で賑やかに鉦《かね》を叩きながら歩く女性たちは、勧進《かんじん》と申しますお寺の寄付集めをしています。勧進の目的はお寺の修理か仏像の建立かわかりませんが、楽しそうですね。

上絵師の隣は本屋です。「書物問《しょもつどい》屋《や》」は絵双紙などの娯楽物は扱わず、算術や歴史、漢詩、儒学などの真面目な本を商う店です。

物を運ぶ人で「長持《ながもち》」と並んで目立つのが、三角形に幕を張った四つ手を使っている「贈答品の配達」です。大店が並ぶ日本橋ならではの姿ですね。左端には「大八車《だいはちぐるま》」を押す姿がみえます。載せているのは行灯など家財ですので、引っ越しのようですね。贈答品や長持も車で運んだ方が楽そうですが、江戸は埋め立て地ですから道が傷みやすく、河岸《かし》の周辺など一部を除いて車はあまり使われません。同じ理由で、江戸の男性は水仕事をする者以外は、日常下駄はあまり履きません。また、橋も車向けには造られていませんから、思うほど楽ではないんです。

これだけぎっしりと家が並び、人が多いと、芥《ごみ》もたくさん出ます。それをどうしているかと申しますと、リサイクルしています。

糞尿の回収は有名ですが、魚屋から出る生ごみも肥料として売られ、紙類は屑屋《くずや》へ、金属は古金屋《ふるかねや》へ、竈《かまど》の灰は「灰買《はいかい》」（百六十五頁《ページ》参照）に売りますし、壊れた傘も下駄も引き取られ、道に落ちている紙屑さえも屑拾《くずひろい》が片付けて、リサイクルします。そして、掃除で出た塵《ちり》や瓦《かわら》の欠《は》片《へん》、溝《どぶ》の泥などは、道路の補修に使われたり、定期的に回収されて埋め立てに使われます。ですから捨てられる芥は意外に少量なのです。

建築中の店があります。「地形師《じぎょうし》」（百四十三頁《ページ》参照）が大きな丸太で地盤造りをしています。店の前には基礎に使う石が運び込まれています。工事現場は今日と同じように板で囲っているのがわかります。

町木戸は辻駕籠《つじかご》の立場《たてば》になっていて、道行くお年寄りに駕籠を勧めています。町駕籠は立場で客待ちをする規則なので、右から来る空駕籠も、この立場を目指して歩いているんですね。辻の真ん中を歩く笠を被った女性は「市子《いちこ》」（百八頁《ページ》参照）と呼ばれる占師です。その前で幣《ぬさ》を持ち鼓《つづみ》と笛《ふえ》を奏でる一団は、店々を廻ってご祝儀をもらう門付《かどづけ》です。

今度は室町一丁目の木戸を通ります。こちらの自身番《じしんばん》には三十一頁《ページ》のものと違って、三道具《みつどうぐ》などは置かれていません。自身番には色々なものがあり、余所《よそ》では火見櫓《ひのみやぐら》が付いているものも多くあります。

自身番は町の警備事務所で、主に治安の維持や火の用心を行うために作られました。表店《おもてだな》の主《あるじ》や大家が町役人《ちょうやくにん》となり、交代で勤めたり、町が雇った親方や番人などが昼夜詰めています。そして定廻同心《じょうまわりどうしん》が定期的に廻って来て、大事がないかを確認します。その他に役場のような機能も負います。町の人別帳《にんべつちょう》を管理しており、住人の結婚や転出入を

記録し、放蕩息子《ほうとうむすこ》の届けも受け付けます。改心の可能性がないと人別帳から名前を削除し、勘当《かんどう》とします。しかしいきなりはせず、付《ふ》箋《せん》を付け「勘当扱い」にもできます。これを「札付《ふだつ》き」と申します。事件を起こしたらすぐに勘当です。

　跡継《あとつぎ》のくせに、店のお金を使い込んでもなんの得もなさそうですが、商家では長女に婿《むこ》を迎えて後を継がせる家が少なくないので、金も奉公人からの信頼も、彼らにはあまり大事じゃないんですね。婿候補は小さい頃から店で鍛えた番頭《ばんとう》や手代《てだい》、もしくは他の商家の優秀な息子から選ばれます。

桶を修理する「箍屋《たがや》」がいます。その隣の「六十六部《ろくじゅうろくぶ》」は諸国六十六カ所の霊場を廻る巡礼者ですが、中には格好だけで小銭をねだる者もいます。

「古金屋《ふるかねや》」は金属を買い集める商売です。釘や金具、壊れた鍋などを絵のように重さを量り買い取ります。買った金属は問屋に売り、リサイクルされます。

その古金屋の後ろの店は、馬具や弓を売っていますので「小道具問屋《こどうぐどいや》」です。これは「陣笠問屋《じんがさどいや》」と同じ参勤交代などに用いる武家の旅用品を商っています。

馬がいる店は「味噌問屋《みそどいや》」です。人力で運ぶには重いのでしょう、味噌樽を馬で運んでいるのがわかります。その隣は八百屋で、通りにも大根や芋を売る辻売《つじうり》、天秤《てんびん》で担いで売る「青物売《あおものうり》」の姿がみられます。

八百屋の前に同じ野菜を売る辻売がいるのも、ちょっと面白いですよね。商売の邪魔っぽいですが、これは「青物市」です。すぐそこが魚河岸ですので、魚と野菜を対《つい》で仕入れられるように、業者が集まっているんですね。辻売は日が高くなると野菜が傷むので、朝のうちに売り切ってしまいます。

「結納品問屋《ゆいのうひんどいや》」は派手な看板が掲げられています。店の前では大根が売られ、その先では喧嘩をしています。「火事と喧嘩は江戸の華」なんて申しますから、これも珍しい光景ではありません。喧嘩しているのは棒手振《ぼてふり》と鳶《とび》連中でしょうか？　喧嘩を仲裁する人もいますが、加勢するぞとばかりに駆け寄ってくる者もいますね。

江戸の喧嘩の元祖は、江戸初期の旗本奴《はたもとやっこ》対町奴《まちやっこ》の対決でございます。身分を笠に着た旗本の不良息子たちの横暴に、「強きを挫《くじ》き、弱気を助ける」侠気《おとこぎ》で対抗したのが町奴たちです。武士の刀に対し、町奴は言葉

を武器にしました。ここから、威勢がよくて気の利いた啖呵《たんか》を自慢にする江戸詞《えどことば》が生まれます。

時代が下ると、喧嘩の代表は鳶に代わります。鳶というのは、町火消のことで、度々町をひっくり返すような大暴れをします。江戸後期の武士はお坊ちゃん集団ですから、彼らではもう止めることができません。喧嘩の仲裁は鳶の親分が行います。幕末には三千人以上の配下を抱える、浅草「を組」の新門辰五郎《しんもんたつごろう》という大親分も登場します。彼らは腕っ節の強さと義理人情の深さが、庶民、武士の堺なく信頼され、ついには徳川慶喜公の警護を任されます。

江戸の町 九

さて、ここが日本橋の袂《たもと》でございます。手前が魚河岸でたくさんの魚屋が商いをしています。魚屋が使うものでしょうか、木戸番小屋には、桶が山のように積まれていますね。その前では、炭火で鮎《あゆ》を焼く者がいます。江戸の鮎は玉川で捕ったものを「鮎売《あゆうり》」（百五頁《ページ》参照）の娘たちが夜通し歩いて運んで来ます。こちらを行く駕籠は揃《そろ》いの袢纏《はんてん》を着た六《ろく》尺《しゃく》が担いでいますので、辻駕籠《つじかご》よりも高級な「宿駕籠《やどかご》」（百二十一頁《ページ》参照）です。その近くには「虚無僧《こむそう》」の姿がみえます。虚無僧は半僧半俗の武士で、尺八を吹きながら修行のために全国を旅することを

許されています。それで問題を起こして遁走《とんそう》する武士がよく変装するんですね。なにせ、立ち居振る舞いで武士とすぐにわかってしまうので、庶民に変装するよりも虚無僧の方が怪しまれません。

◉

さて、江戸のお散歩はいかがでしたか？　賑やかでしょう。しかしこれは天気のいい日の風景で、雨が降ると歩く人はぐっと減ります。ほとんどの道が舗装されていませんから、風が吹くと土埃《つちぼこり》が舞い、雨が降ると水溜まりがあちこちにできます。ですから特に女性は、強い風や雨の日はほとんど出歩きません。

日本橋《にほんばし》

江戸から発する五街道の起点ともされました日本橋は、両岸に江戸随一の大通りを抱える商業の中心地です。その袂《たもと》にある魚河岸《うおがし》の魚屋は、江戸城や大名屋敷に魚を納めるのが大事な仕事で、その報奨として魚を商う権利を与えられておりました。魚は押送船《おしおくりぶね》という世界一の高速船で江戸湾の漁船から運ばれ、岸に繋がれた平田船《ひらたぶね》で仕分けされ、店に並びます。中には生簀《いけす》を備えた店もございました。

武士が食べますのは、白身の魚で、鯛《たい》、白魚《しらうお》、鮎《あゆ》、平目《ひらめ》が主でした。鰹《かつお》や鯖《さば》、秋刀魚《さんま》などは庶民の魚です。

高札場
晒し場
猪牙舟
屋根船
屋形船
押送船

魚河岸

伊勢町堀《いせちょうぼり》

日本橋から魚河岸に沿って下りますと江戸橋があります。江戸橋周辺は毎月四日に四日市が立ち、日本橋周辺に負けない賑やかさです。

その江戸橋の袂《たもと》からL字形に伸びる運河が伊勢町堀です。この堀の周りにはびっしりと商人の蔵が並び、日本橋、江戸橋界隈とはだいぶ雰囲気が異なります。

向かって左手が日本橋川で、手前は「米河岸《こめがし》」と呼ばれ、右へ行って運河が折れるあたりを「塩河岸《しおがし》」と呼びます。米河岸は、もちろん米蔵が並んでおり、周囲には米問屋が軒

を連ねています。一方、塩河岸は塩問屋ではなく、鰹節や海苔などの乾物を扱う問屋と蔵が並んだ場所でございます。その先は堀留《ほりどめ》（行き止り）になっています。運河の両岸に並ぶ蔵には、それぞれ桟橋が出ています。船から直接蔵へ商品を出し入れできるようになっているんです。江戸の物資輸送を担ったのは主に船です。山手以外のほとんどの町には船で行くことができます。また、大名も運送に便利な蔵屋敷を運河沿いに構えています。

日本全国からやって来た商品の多くは、大川《おおかわ》（隅田川）の河口に係留された千石船から小舟に積み替えて運ばれてきます。

采女ヶ原《うねめがはら》

数寄屋橋御門《すきやばしごもん》から銀座を抜けて新橋《あたらしばし》（新橋《しんばし》とは別の橋です）を渡りますと、そこにあるのがこの采女ヶ原馬場でございます。この絵は今日の歌舞伎座のあたりから、築地本願寺方面を眺めたものです。

中央の馬場では、武士たちが乗馬の稽古をしています。武士にとって乗馬は「武芸十八般」のひとつで、「弓馬《きゅうば》の道」といわれる重要な技術です。そのため、江戸のあちこちに火除地《ひよけち》を兼ねた馬場が置かれ、武士が定期的に稽古をしておりま

した。

しかし、武士以外の者は自分で馬を操って乗ることが許されていませんので、乗馬を習うことはありません。そのためでしょうか、馬場の周囲には馬にはまったく興味のない様子の庶民が、芝居や義太夫か何かの音曲を熱心に楽しんでいます。

馬場の奥にある御屋敷は、松平和泉守か大久保加賀守屋敷です。その前を大名行列が行く姿がみえます。江戸市中では、庶民でも大名行列が通るからといって、道に土下座をしたりする必要はなく、道を空けて過ごします。

堀にかかる橋は万年橋《まんねんばし》でしょう。その向こうに西本願寺の大きな伽藍《がらん》がみえます。

四谷大木戸《よつやおおきど》

こちらは甲州街道の江戸の玄関口、四谷大木戸でございます。もともとは「高輪大木戸」（六十四頁《ページ》）と同様に門があり、夜間は通行できませんでしたが、江戸中期には取り払われ通行が自由になりました。

絵の右手前をみますと、木戸が取り払われても番小屋は残っています。ここから江戸城までは高台の真っ直ぐな道で、突き当たりからは江戸城をみ下ろすことができますので、守りは厳重です。木戸の内側には服部半蔵率いる伊賀忍者の末裔、伊賀

組などの組屋敷が並び、その先の四谷御門をくぐると、そこは番町《ばんちょう》と呼ばれ、将軍の親衛隊である大番組の組屋敷が並んでいます。服部家屋敷は江戸城の門前に置かれましたので、そこを半蔵門と呼びます。

大木戸の外側は高遠藩《たかとおはん》・内藤家が守りました。内藤家は十四頁《ページ》に大名行列も紹介しています。絵の右奥にあるお屋敷も内藤家のもので、今日の新宿御苑です。屋敷の前を流れるのは、江戸の約六割を潤す「玉川上水」です。細いですが、水が豊富に流れているのがうかがえます。

鎌倉町《かまくらちょう》

江戸っ子は流行《はやり》好きでして、話題の店にしばしば人が殺到します。そんな店を流行店《はやりみせ》と申します。

こちらは、神田の鎌倉町にあります酒屋の豊島屋。毎年二月二十五日に限定販売する雛祭《ひなまつ》りの白酒が人気になりまして、この日は江戸内外から買いにやって来る人々で、押すな押すなの大騒ぎです。お店の入口に組んだ櫓《やぐら》には、火消と医者が乗って、騒ぎや怪我人が出ないか監視しています。通りの反対側や奥に山積みにされているのは、白酒を入れる手桶でございます。

櫓

入口

酒・醤油問屋休み申

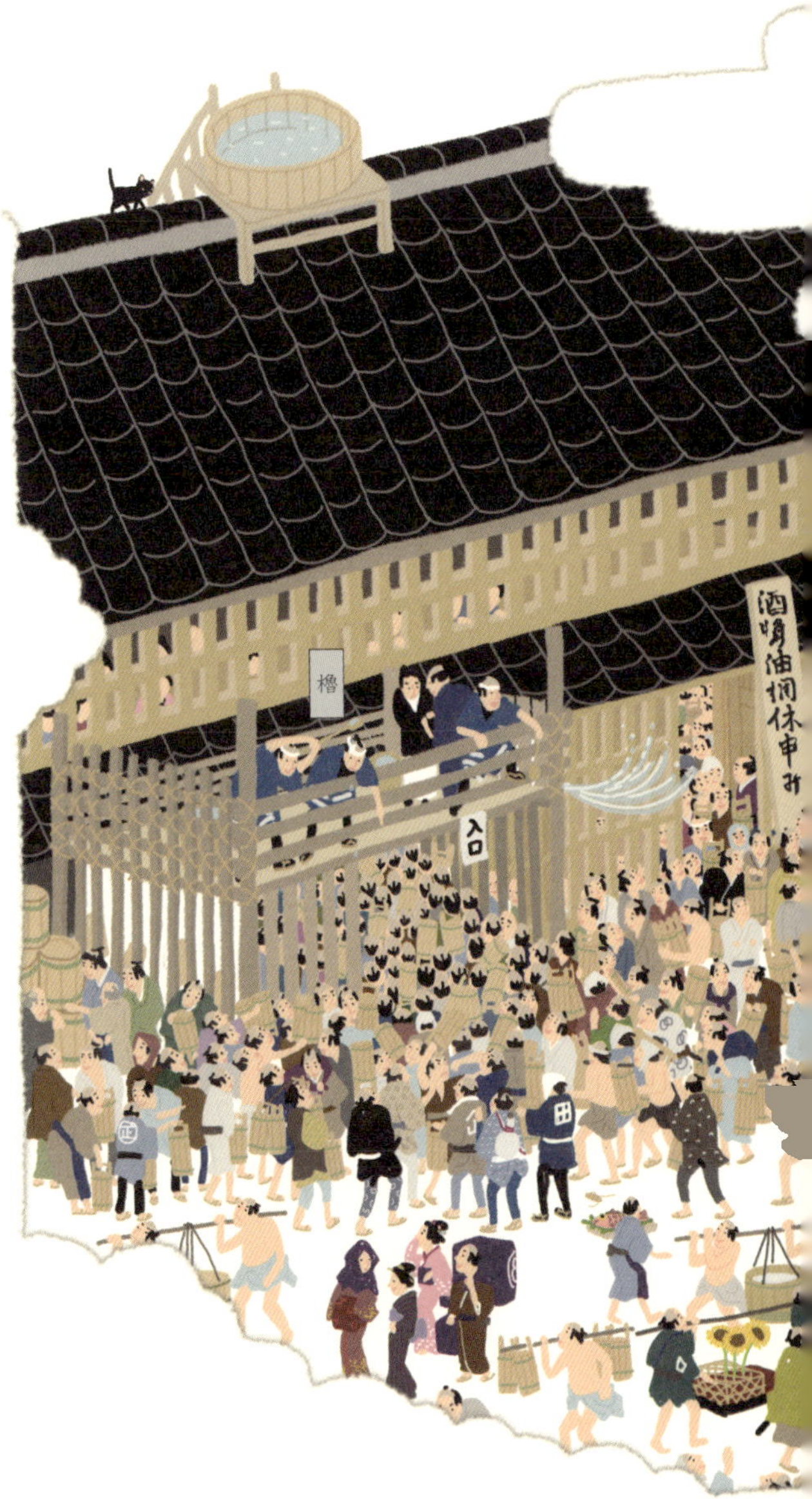

吾妻橋《あづまばし》

一番最後に大川《おおかわ》（隅田川）に架けられた橋です。地味な感じがするのは、この橋が幕府の事業ではなく、民間普請《ふしん》で造られたからでしょうか。しかし、天明六年（一七八六）の大洪水では、幕府普請の永代橋、新大橋、両国橋が被害を受けたのに、この吾妻橋は無傷でしたので、地味でも大変丈夫でございます。

幕府はこの橋に「大川橋《おおかわばし》」という名を付けましたが、庶民は「あづま橋」と呼んでいます。向島にある吾嬬《あづま》神社に行く橋だから、江戸の東にある橋だからと、色々な説があります。民間普請ですが、庶民はひとり二文の渡り賃を払い武士は無料でした。渡し船も二文なの

で、料金的には高くありません。しかし、文化六年（一八〇九）以降は無料で渡れるようになりました。こうした有料の橋を「銭取《ぜにと》り橋《ばし》」と申しまして、橋の建設資金を集めるためによく行われました。

浅草は江戸の端っこですので、遠くに田畑が広がるのどかな風景が望めます。左の花川戸の先、今戸橋付近は新吉原への入口でもあり、料亭の並ぶ美食の町でもあります。対岸の向島は、三囲神社《みめぐりじんじゃ》や百花園《ひゃっかえん》があり、文人墨客《ぶんじんぼっかく》の愛する場所です。本所は、御家人の屋敷が並んでいます。「本所の御家人」といえば、威張りん坊で江戸っ子には評判が良くありません。

新吉原《しんよしわら》

人形町あたりにあった吉原が、浅草の北に移されたのは明暦の大火の年、明暦三年（一六五七）です。正月に江戸市中が焼け野原になりましたが、その六月には浅草田んぼの中に完成するという早業でした。

田んぼの中を左右に貫くのが「日《に》本堤《ほんづつみ》」。左に行きますと待乳山《まつちやま》や猿《さる》若町《わかちょう》のある大川《おおかわ》（隅田川）岸になります。新吉原へは、猪牙舟《ちょきぶね》で待乳山まで来まして、そこから歩くか、駕籠に乗るというのが定番です。そのため土手の上には掛茶屋《かけちゃや》や「西瓜《すいか》の断売《たちうり》」（百四十八頁《ページ》参照）などの辻《つじ》

商《あきない》が賑やかに軒を連ねています。

　吉原の正面に着きますと、お客が「襟《えり》を正す」という「衣紋坂《えもんさか》」。降りて、右手に高札場《こうさつば》、左手には「見返り柳」があります。両脇に吉原内の茶屋を紹介してくれる茶屋が並ぶ「五十間道」をつ〜っと行きますと、正面が「大門《おおもん》」です。吉原の門はここひとつっきりで、周りは御歯黒溝《おはぐろどぶ》が囲っています。中央を貫く大通りの両脇に茶屋が並び、ここで皆さんお酒を飲んで座敷遊びを楽しみます。一般の女性は普段入れませんが、桜の頃は見物ができました。しかし、この桜の木は花の時期だけの移植で、秋には紅葉《もみじ》が植えられます。

霊岸島《れいがんじま》

大川《おおかわ》（隅田川）の入口、鉄砲洲《てっぽうず》から石川島、霊岸島を眺めた風景です。

手前の神社は鉄砲洲稲荷で、境内には富士山信仰の富士塚があります。稲荷の左にあるのは稲荷橋で、その向こうが高橋《たかばし》です。高橋を渡ったところが霊岸島でございます。島の先にある塀の向こうは、御船手組《おふなてぐみ》頭《がしら》・向井将監《むかいしょうげん》の役宅です。この御役は代々向井家が世襲しましたので、町奉行のように様々な方が担当することはございません。島の突端には「船番所《ふなばんしょ》」があり、ここで江戸に出入りする船と交通の監視をしていま

す。また、流罪者はここで三日間留めおかれ、家族との別れをした後、船に乗せられ、八丈島などに送られていきます（八十六頁《ページ》参照）。

　その向こうに遠くみえますのが永代橋で、それを渡りますと深川です。永代橋は文化四年（一八〇七）に深川八幡のお祭りに押し寄せた群衆の重みで崩落するという事故が起きます。人の乗り過ぎの他に、河口に近い橋は傷みやすいことも原因のひとつでしょう。

　右手の沖にある島は石川島です。寛政二年（一七九〇）に長谷川平蔵が軽犯罪者の更生施設「人足寄場《にんそくよせば》」を設置した島でございます。

高輪大木戸《たかなわおおきど》

ここは江戸の東海道口、高輪大木戸でございます。この先に第一の宿・品川があります。江戸中期まで、絵の右手の石垣の間には門があり、明け六ツから暮れ六ツまで門を開き、街道を出入りする人や物を監視しております。門が閉じた後の通行はできませんでした。

品川は海沿いの道で眺めがいいので、街道沿いに、獲れたての魚介類を食べさせる料理茶屋が並んでおり、美味しいもの好きに愛されています。また、品川の干潟は潮干狩りにも人気です。

近くの車町は「牛町《うしまち》」と呼ばれ、牛飼場があります。江戸市中では牛はあまりみかけませんが、重い荷を運んだり、祭りの山《だ》車《し》を牽いたりと意外に活躍しています。

二階で酒と料理を出す
料理茶屋
屋敷の料理番
漁師
屋敷の従者
店の小女
旅人
馬子
芝
辻駕籠
蔵がいくつも並ぶ
高輪車町・牛飼場
蔵
帳場
牛小屋
洗い場
牛車

麻布《あざぶ》

ここは今日の麻布十番・一本松坂の三叉路でございます。江戸初期には「首吊塚《くびつりづか》」とも呼ばれ、咳病の治癒に甘酒を入れ供える信仰があります。

麻布は室町時代からあった町ですが、武家屋敷が建つようになったのは明暦の大火以降です。町並みは江戸市中と違ってのどかですね。民家は茅葺きで、牛車《うしぐるま》で米俵を運んでいますし、道行く人は旅装束《たびしょうぞく》、女性の髪型も市中とは違います。

この先は丘が続き運河がありませんから、一ノ橋の河岸まで舟で運んで、そこから牛車で山

の上のお屋敷などに荷を運ぶのでしょう。

右手前は「暗闇坂《くらやみざか》」です。山手あたりには同じ名の坂があちこちにあります。この名の坂は崖下にゴミを捨てた場所で、芥《あくた》坂《ざか》、五味坂《ごみざか》と同じ意味で呼ばれます。ほとんどは崖下が湿地だったりして、人の住まない場所でした。ただし、ゴミとはいっても、欠けた茶碗や瓦、塵《ちり》、火事の後の残渣《ざんさ》（燃え残り）といったもので、今日の不法投棄の現場とは異なります。やがて崖下が埋まると、町や寺社地になります。

お茶《ちゃ》の水《みず》

昌平坂学問所《しょうへいざかがくもんじょ》のあたりから、水道橋あたりまでがお茶の水と呼ばれます。名前の由来は諸説ありますが、ここから江戸城へ水を引いていますので、「将軍が茶の湯にする名水」というイメージと渓谷の景色が人気になりまして、川沿いには茶屋が並びます。特に夏に涼をとるには最も身近な納《のう》涼地《りょうち》として愛されています。しかし、実はこの渓谷は自然のものではなく、人工的に掘られた切通《きりとお》しなんです。市中の洪水を防ぐために、慶長元年（一五九六）に神田の山を削って川を通すという大工事の結果生まれたものです。

絵の中央にあるのは「神田上水《かんだじょうすい》」の大樋《おおどい》

で、その橋桁《はしげた》の向こうにみえるのが水道橋です。江戸前期には水道橋の脇に樋が架かっておりましたので「水道橋」と名付けられましたが、この頃の水道橋と大樋は別々になっています。大樋で神田川を渡した神田上水は、三鷹の井《い》の頭池《かしらいけ》（七井《なない》ノ池《いけ》）を水源に、主に神田以北、浅草方面に給水されています。水道は江戸っ子の自慢のひとつですが、無料ではございません。長屋の庶民は払いませんが、武家や町人がその費用を負担しています。

王子《おうじ》

名所江戸百景より

紅葉寺

王子は八代将軍・吉宗様肝《きも》煎《い》りの名所として開発され、王子稲荷に飛鳥山、渓谷、そして王子七滝と呼ばれる滝など、たくさんの名所がございます。絵は「名所江戸百景」に描かれました、松橋弁財天と音無川の風景です。

紅葉が鮮やかです。滝で身を清める人がみえます。その前の東屋《あずまや》では遊山《ゆさん》に来た人が休憩しています。中央にある洞窟の鳥居が頼朝が戦勝を祈願した松橋弁財天です。橋を渡った向こうには料理屋や茶屋が並んでいます。

武家《ぶけ》の装束《しょうぞく》

武士は御城での儀式の際に、決まった服装が義務付けられております。「束帯《そくたい》」や「素襖《すおう》」など、公家文化や鎌倉文化の流れをくんだ衣装がそれです。そこからだんだんと江戸風に略式化されたのが、略礼装といわれる武士のスーツ、「肩衣《かたぎぬ》」を用いた「裃《かみしも》」です。裾を引きずる「長袴《ながばかま》」は、動きにくいことから、主に対し謀反《むほん》の意思のないことを表しています。

武家は絹を着ることが許されていますので、裕福な武家は高価な絹の着物を着ますが、下級武士、特に男性はめったに着物を誂《あつら》えることはありません。女性は嫁入りの際に自分の財産として着物を持って嫁に行きます。ですから妻は実家の家紋の入った着物を着ます。これには、その家が何処の家と繋がりがあるかということを誇示《こじ》する政治的な意味合いもございます。

武士《ぶし》の装束《しょうぞく》

武家の男性は儀式によって正式な衣装が細かく定められておりましたので、種類が豊富です。

「束帯《そくたい》」は平安時代の衣装で、最も格式の高い正装です。宮中で公家から将軍、大名までが用いました。武士は帯刀《たいとう》し、公家は帯刀しません。「衣冠《いかん》」は束帯の略装で、後ろに引きずる裾《きょ》がなく、指貫《さしぬき》という袴《はかま》を着けます。

江戸城では長直垂《ながひたたれ》に風折烏帽子《かざおりえぼし》を用います。これは鎌倉時代からの武士の正装で、四位以上の武士は無地、五位以下は「大《だい》紋《もん》」と呼ばれる大きな紋の入ったものを着ます。六位以下は「素襖《すおう》」と呼ばれる長直垂で、腰紐が共布となり舟型烏帽子《ふながたえぼし》を着用します。

四位以下の大名や高家には礼装として布《ほ》衣《い》の一種である「狩衣《かりぎぬ》」が許されました。風折烏帽子を被り、指貫を着けます。これらは大名、旗本が江戸城での儀式の際に身に付けるものです。いずれも殿中差《でんちゅうざし》と呼ばれる小刀《ちいさがたな》などを帯刀します。

武家以外の医師や茶人、絵師、儒者は僧侶の身なり「僧衣《そうえ》」を着けます。これは公家、武家以外として、僧侶の官位を受けているためです。本物の僧侶と異なり帯刀しています。

平織りの絹の半袴。江戸後期に登場。揃いの裃より略式とされる

時代劇などでよくみるのが、肩衣《かたぎぬ》に袴《はかま》を着けた「裃《かみしも》」ですね。「長裃《ながかみしも》」は「長袴《ながばかま》」を着けたもので、【御目見得以上】の礼装です。対して、半袴を着ける「半裃《はんかみしも》」は武士の日常の仕事着でございます。共に着物は「熨斗目《のしめ》」という腰に模様の入ったものを用います。平織りの半袴を着けた「継裃《つぎかみしも》」は半裃の一段略式の仕事着でございます（御目見得以下の御家人等は礼装としても着用）。

武家の装束

「白衣《びゃくえ》」は「着流《きながし》」とも申します、袴を着けない武士の軽装です。御城にあがらない、百俵扶持《ぶち》以下の御家人は肩衣を着用せず、羽織袴で勤めます。そのため「羽織勤《はおりづとめ》」「白衣勤」と呼ばれます。

大名の家来（陪臣《ばいしん》）も幕府と同じように、家格によって上の者は裃、下の者は継裃で勤めにあがります（家格の高い武士も平日は継裃を着用するが、式日やあらたまった席では裃を使う）。「足軽《あしがる》」「中間《ちゅうげん》」は士分ではありませんので、木綿の着物に脇差《わきざし》や杖《じょう》（棒）を持ち、普段から動きやすいよう、袴や着物を端折《はしょ》っています。「小者《こもの》」は兵力外の使用人ですので、武器は持ちません。

武家の装束

女性《じょせい》の着物《きもの》

絵は武家の娘が晴着を着て出かけるところです。女性は普段下駄を履きますが、晴着には草履を使います。奥方(妻)が着物の上に着ているのは、羽織ではなく小袖で「打掛《うちかけ》」と申します。裕福な者ほど、長い着物を着ますので、外出の際には扱帯《しごきおび》でお端折りをします。武家は絹を着ることが許されておりますが、下級武家では庶民とあまり変わりません。女中の平装は地味な着物に「小鷹結《おたかむすび》」が定番です。

武家の既婚女性に好まれる髪型は、笄《こうがい》でまとめる「片はずし」や、頭の高い所で結った「島田《しまだ》」「丸髷《まるまげ》」です。全体に庶民に比べて高く堂々と結うのが武家らしい髪で、反対に身分の低い者は低めに結います。

女性の元服《げんぷく》は、結婚する際や、または十八～二十歳で行われます。髪型は「おすべらかし」にします。元服後は派手な着物をひかえて、眉を剃り、お歯黒をつけるなど化粧を変えますが、変えない場合は半元服と呼ばれます。

奥勤《おくづとめ》の装束《しょうぞく》

上臈《じょうろう》の正装

御目見得《おめみえ》以上の本装

奥女中の平装

御犬子供《おいぬこども》の本装

中臈《ちゅうろう》・奥祐筆《おくゆうひつ》の平装

江戸では、江戸城大奥が最高位の奥で、大名家の奥がそれに続きます。将軍や殿様に直接会える身分を「御目見得《おめみえ》以上」と呼び、「上臈《じょうろう》」「御年寄《おとしより》」「中臈」「奥祐筆」などがおります。彼女達は公家や武家の子女が主です。「御目見得以下」の奥女中には、町人でも奉公にあがることができます。高価な長い着物に笄《こうがい》を使った髪型が特徴です。

御《お》役《やく》人《にん》と刑《けい》罰《ばつ》

こちらでは、奉行所の御役人と刑罰についてご紹介します。「三奉行《さんぶぎょう》」の中から、町《まち》奉行《ぶぎょう》、寺社奉行《じしゃぶぎょう》、それに、火附盗賊改《ひつけとうぞくあらため》の出立を描きました。この他に奉行所には勘定奉行《かんじょうぶぎょう》がありますが、勘定奉行が監督したのは武士ですので、他の二奉行のように捕り物出役《しゅつやく》の服装はありません。

刀は武士の命といわれますが、武勇より平和を維持することが大事な江戸時代には抜くよりも、いかに抜かないかが問われるようになり、ほとんどの武士が刀を使った経験がなくなります。そのため、各藩は処刑や切腹の介錯《かいしゃく》をする者にも困ったくらいです。そして刀は、実用から美術的価値へと移行し、武士だけでなく、裕福な町人も交えて、姿や刃文《はもん》、地肌《じはだ》、拵《こしらえ》などが愛《め》でられるようになります。ここではそんな刀の個性もご紹介します。

寺社方《じしゃかた》

寺社内で起こった問題や事件を取り扱うのは寺社奉行《じしゃぶぎょう》ですので、捕縛《ほばく》には寺社方が出張ります。寺社奉行は町奉行《まちぶぎょう》や勘定奉行《かんじょうぶぎょう》より格上で、奏《そう》者番《じゃばん》が兼任します。そのため、町奉行のように幕府直参《じきさん》の与力《よりき》や同心《どうしん》はおらず、奉行の家来が「寺社役《じしゃやく》」として勤めます。「小検使《しょうけんし》」は指揮棒として白房のついた一尺（約三十センチ）の十手《じって》を持ち、裁着袴《たつつけばかま》姿。「同心役《どうしんやく》」は捕縛用の二尺程の十手を使います。実際に取り押さえるのは「手代《てだい》」や中間《ちゅうげん》で、六尺棒《ろくしゃくぼう》や刺叉《さすまた》などの三道具《みつどうぐ》を使います。

吟味《ぎんみ》や沙汰《さた》は寺社奉行所ではなく評定所《ひょうじょうしょ》や牢屋敷《ろうやしき》でおこないます。

町方《まちかた》

これらは、町方の捕り物出役《しゅつやく》の一般的な服装と道具です。「与力」は陣笠《じんがさ》に防具と野袴《のばかま》を着けます。「同心」は普段二本差《にほんざし》ですが、捕り物では刃引《はびき》(刃を削り落とすこと)した長脇差《ながわきざし》一本で臨み、十手の他に紺や黒の捕縛紐《ほばくひも》を持ちます。鎖籠手《くさりごて》に鎖脛当《くさりすねあて》を付けることもあります。

暴れる犯人を押さえる「捕方人足《とりかたにんそく》」には同心や岡引《おかっぴき》の手下などがあたります。岡引は情報収集が仕事ですので、捕り物には参加しません。「刺叉」「突棒《つくぼう》」「袖絡《そでがらみ》」の三道具に六尺棒、梯子《はしご》、その他に竹を輪にした箍《たが》などを投げて、犯人の動きを封じて捕らえます。

平時《へいじ》の町方《まちかた》

「与力《よりき》」は裃《かみしも》でしたが、幕末には羽織袴になりました。「同心《どうしん》」は袴を着けず、着流《きながし》で懐に朱房の十手を持ちます。彼らは町奉行の家臣ではなく、将軍家直《じき》参《さん》で、代々治安維持にあたっています。共に大名や町人からの付け届けが多いので、お洒落でいい服を着ています。一方、町奉行所内で働く者は奉行の家臣ですので、ごく一般的な身なりで、奉行が代わると、共に異動します。

岡引《おかっぴき》は同心から資金提供を受け、湯屋や床屋を商い、町の情報を収集しています。そのため、町

方は毎朝貸切で女湯を使い、情報を受け取ったりします。岡引が親分と呼ばれるのは、捕り物人足を集めたり、下引《したっぴき》と呼ばれる情報屋を抱えているからです。

「御用聞《ごようきき》」は同心の奉公人として、屋敷に出入りする岡引です。ですから誰からもわかる服装をしています。彼らは庶民ですので、幕府から十手が与えられることはありませんが、同心が買い与えたり、自前の物を持ちます。

「目明《めあかし》」も岡引の一種ですが、スパイ的な存在の者が多く、悪事をしながら情報を集めます。「お耳」も情報屋をさします。

責問《せきもん》と拷問《ごうもん》

石抱《いしだき》

拷問は牢屋敷内の拷問蔵で行われる

海老責《えびぜめ》

　こちらは牢屋敷《ろうやしき》です。容疑者は八丁堀《はっちょうぼり》の大番屋《おおばんや》や調番屋《しらべばんや》で厳しく取り調べられて、嫌疑が確定すると町奉行から「入牢証文《じゅろうしょうもん》」が取られ、ここへ送られます。牢屋敷に入るということは、有罪確定も同じです。御裁《おさばき》は自白が基本ですので、牢屋敷では罪を認めるか否かです。まずは問いただし、認めなければ責問が課せられます。「笞打《むちうち》」「石抱《いしだき》」「海老責《えびぜめ》」と徐々に厳しい責めが追加され、自白するまで何回も繰り返されます。それでも認めないと拷問蔵で「吊責《つりぜめ》」にされます。町方では吊責だけを拷問と呼びます。

刑罰《けいばつ》

刑罰には、正刑《せいけい》とそれに付加される属《ぞく》刑《けい》、身分別に与えられる閏刑《じゅんけい》がありま す。正刑には、牢屋敷で昼間に斬首《ざんしゅ》される「下手人《げしにん》」、夜に執行される「死罪《しざい》」、処刑場で行われる「火炙《ひあぶり》」「磔《はりつけ》」「鋸挽《のこぎりびき》」、遠島などの追放刑、耳切《みみきり》、敲《たたき》などの体罰、牢《ろう》や押込《おしこめ》などの懲役や謹慎、怒られるだけの叱責《しっせき》があります（詳しくは『江戸の用語辞典』の十九頁《ページ》をご参照ください）。これらは主に庶民男性の刑で、武士は切《せっ》腹《ぷく》か、武士に値しない者は斬罪《ざんざい》にされました。執行は各藩、当主によって行われるのが普通ですが、時代が下りますと斬

敲《たたき》
回数は減りませんが、手加減はしてくれる
晒《さらし》
両国橋の袂など人通りの多い場所で晒される
鋸挽《のこぎりびき》
本当に切ったりはしない
引廻《ひきまわし》
刑場まで罪状を書いた幟と共に引廻される

首できる武士も減り、「御様御用《おためしごよう》」の山田浅右衛門《あさえもん》とその門弟などの専門家に依頼することが増えます。御様御用は試《ため》し斬《ぎ》りのことで、将軍や大名、旗本から依頼された刀の鑑定のために、死刑にされた遺体で行われました。江戸前期には刀の持ち主自らが処刑で試していました。

遠島は基本的に無期限の刑で、恩赦が出るまで帰れません。所払《ところばらい》や江戸払《えどばらい》は指定地域の居住ができませんが、入ることは可能です。その証として属刑の入墨《いれずみ》をされます。「引廻《ひきまわし》」や「晒《さらし》」、非人手下《ひにんてか》も属刑です。

女性は敲刑以下がほとんどで、放火犯に与えられる火炙を受けたのも、江戸の歴史の中で八百屋お七ひとりでした。

下手人《げしにん》・死罪《しざい》
磔《はりつけ》
脇腹からグサッと刺されて数日晒される
火炙《ひあぶり》
放火犯の刑で薪に包まれ焼かれます。遺体はそのまま数日晒される
御様《おためし》
処刑の後に身体を試し斬りに使われ、原則、遺族に遺体は返されない
獄門《ごくもん》
処刑の後に首を晒される

護送《ごそう》

囚人《しゅうじん》の護送に使うのは竹製の「唐《と》丸籠《まるかご》」です。唐丸は鶏の品種名で、鶏の籠に似ているためにこう呼ばれます。八州廻《はっしゅうまわり》などが江戸外で捕えた者を運ぶ際によく使います。八州廻は紫か紺房の十手を持ちます。

江戸の遠島《えんとう》刑は伊豆七島へ流します。年に二〜三回、船が出る数日前に霊岸島《れいがんじま》にある船番所《ふなばんしょ》（六十二頁《ページ》参照）に罪人を移し、そこから「流《る》人船《にんせん》」に乗せ、沖に停泊している伊豆廻船へ運びます。三宅島まで二カ月の船旅です。そこからさらに、新島や八丈島に送られる者もおります。遠島は無期刑で、島ではひとりで自給自足の暮らしをします。

火附盗賊改方《ひつけとうぞくあらためかた》

飢饉や盗賊団の横行で、町方だけでは治安の維持できなくなると、御《お》先手組《さきてぐみ》や持組《もちぐみ》から選ばれる警察隊が火附盗賊改です。普段の仕事に追加されるので「加役《かやく》」とも呼ばれます。もともとは火附改と盗賊改は別でしたが、後に統合されます。

彼らの任務は緊急的な治安の回復にありますので、容疑者を斬ることも厭《いと》いません。町方の捕縛が基本的には諭《さと》して連行するのに対し、彼らは抜刀《ばっとう》して「逆らえば斬る」体制で臨みます。それほど、火附盗賊改が扱う相手が凶暴だったのでございます。また、捕らえた後の取り調べも過酷で有名です。

太刀《たち》

専門的には「大刀」は平安時代以前の古いタイプの刀をさし、鎌倉時代以降を「太刀」、または「打刀《うちがたな》」とも申します。しかし、お話ではどの字も「たち」と読ませ、武士が腰に付けた二刀のうちの長い方を呼ぶのが一般的です。長さは二尺（約六十センチ）から三尺（約九十センチ）程で、江戸時代には二尺三寸が標準とされます。二尺以下は「脇差《わきざし》」と呼ばれ、こちらは庶民でも帯刀《たいとう》できます。一尺以下のものは「短刀《たんとう》」「匕首《あいくち》」「小刀《ちいさがたな》」と呼ばれます。

その姿は時代や目的によって様々で、絵は特徴の異なる代表的な二種類を描いてあります。右絵の刀は鎬《しのぎ》が低く反りの大きいもので、武器としての耐久性は劣りますが、軽く美しいので平和な時代や身分の高い方に好まれます。一方、戦乱の世や武を旨とす

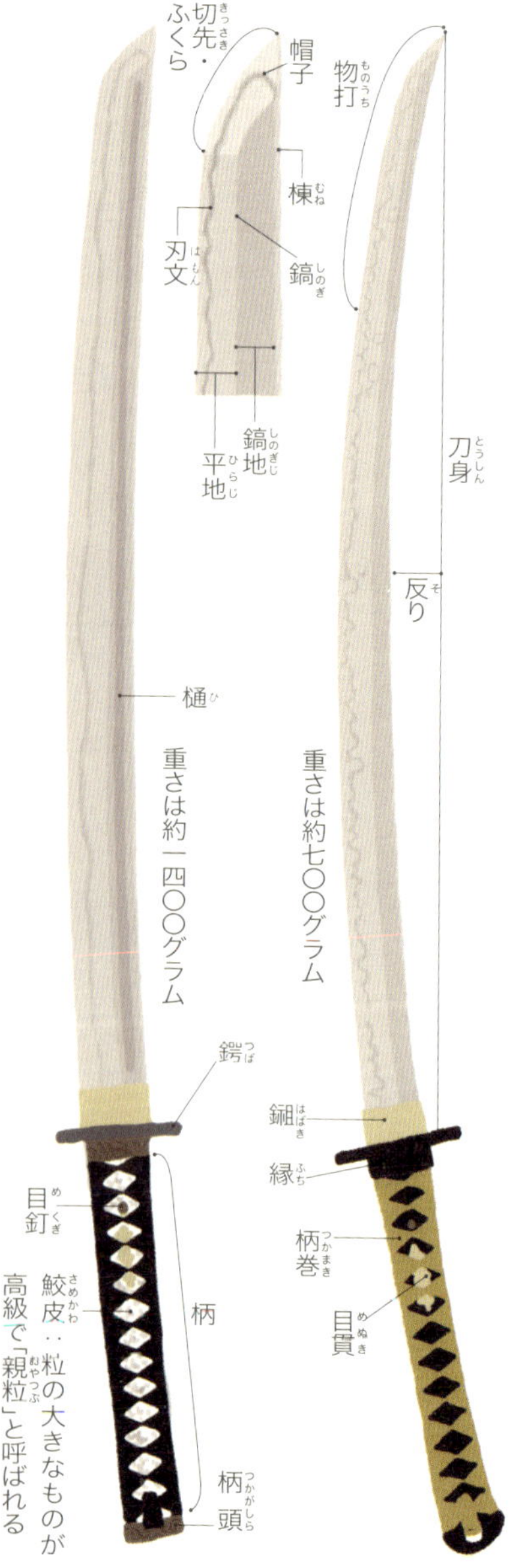

る者は、重く攻撃力のある刀を好み、左絵のように鎬の高い幅のある刀を持ちます。「同田貫《どうたぬき》」と呼ばれるものも、このような刀の一種です。幕末には直刀《ちょくとう》と呼ばれる反りのない刀も好まれます。

物打《ものうち》

刀の先から四分の一程の部分をさし、ここが主に敵を斬るのに使う部分です。ですんで、町方の検使《けんし》などが、犯罪に使われた痕跡をみたりするのもここです。

樋《ひ》

「鎬地《しのぎじ》」に彫られた溝を申します。血抜きのため、といわれることもありますが、主に刀を軽くするために彫られるものです。特に江戸時代、刀は「抜かぬもの」でしたので、軽いにこしたことはございません。

造《つく》り

刀の造りは「鎬造《しのぎづくり》」が一般的です。それ以外に脇差や短刀に多い「平造《ひらづくり》」や包丁などに使われる「片刃造《かたばづくり》」があります。日本刀の特徴でもある「反《そ》り」は、深い・浅いと表現されます。「棟《むね》」の形にも様々な種類がありますが、鞘《さや》の中で最も安定する「庵棟《いおりむね》」が一般的です。

刃文《はもん》

「反り」と共に日本刀の特徴として挙げられるのは「刃文」です。刃文は自然に生まれるものではなく、刀工が焼付けの際に刃に塗る焼刃土《やきばづち》という粘土によって生まれる模様です。「切先《きっさき》」に描かれる刃文は「帽子《ぼうし》」と呼ばれ、ここも刀工の個性が出る部分です。

地肌《じはだ》

刃文とは別に、刀の「平地《ひらじ》」全体に現れる模様を申します。「正目肌《まさめはだ》」「板目肌《いためはだ》」「杢目肌《もくめはだ》」「綾杉肌《あやすぎはだ》」など木目に例えられます。これは鋼《はがね》を何度も折返して鍛えるために生まれるもので、その層は三万以上になります。

拵《こしらえ》

刀身《とうしん》以外の部分、「鞘《さや》」や「鍔《つば》」「鎺《はばき》」「柄巻《つかまき》」「目貫《めぬき》」「柄頭《つかがしら》」「縁《ふち》」「下緒《さげお》」などの造りを申します。

笄《こうがい》

刀の「鞘」に仕込んである「笄」は、主に髪を整えるために使います。笄の頭には耳かきも付いています。鞘の反対側に仕込まれる「小柄《こづか》」は日常に使う小刀《こがたな》です。

古刀《ことう》

平安末期から江戸初期の慶長年間までに造られた刀を申します。それ以後は「新刀《しんとう》」「新々刀《しんしんとう》」と呼ばれ、それ以前のものは「上古刀《じょうことう》」と呼ばれます。

写物《うつしもの》

江戸時代に、名刀を見本にして作られた刀を申します。偽物としてではなく、デザイン・スタイルを模写した刀でございます。

裁断銘《さいだんめい》

御様《おためし》（試し斬り）の結果を金象嵌《きんぞうがん》で刀に彫り入れたものを申します。「三ツ胴《みつどう》」と彫られたものは、「三人の遺体を重ねたものを一刀両断にした」という証明です。四ツ胴、五ツ胴……なんてのもございます。

女国重《おんなくにしげ》

刀鍛冶は女人禁制の仕事に思われますが、これは大月源（お源）と申します、江戸中期は備中におりました女性の刀工、または彼女の鍛えた刀を申します。

刃文《はもん》と地肌《じはだ》の色々

直刃《すぐは》

丁子《ちょうじ》

のたれ

互《ご》の目《め》

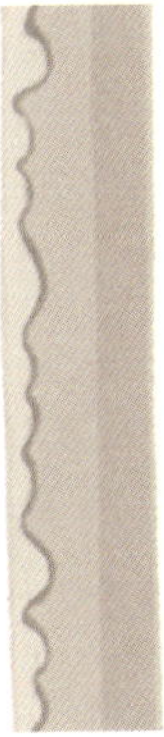

三本杉《さんぼんすぎ》

小乱《こみだれ》

濤乱《とうらん》

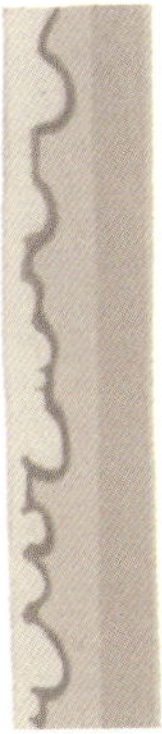

皆焼《ひたつら》

刃文は刃先から鎬に向かってみられる模様ですが、中には皆焼のようなものもあります。

左は代表的な地肌の模様です。全ての刀にはっきりみられるものではなく、美しい地肌は名刀の証でもあります。

正目肌《まさめはだ》

板目肌《いためはだ》

その他《た》の武器《ぶき》

「弓《ゆみ》」は鎌倉時代頃まで、その技に秀でることが武家の誉《ほまれ》れとされ、その後、戦術の変化によって「槍《やり》」、「薙刀《なぎなた》」と評価が移っていきました。槍と似た武器の矛《ほこ》は、槍の先祖とお考えください。一方、薙刀は長い柄に刀を付けた形もので、武家の女性が使うのもこれです。

「火縄銃《ひなわじゅう》」は室町時代に伝来し、戦国時代に日本は世界一の保有数と戦術を持ちました。「ミニエー銃」は幕末に登場した火縄を使わない燧《ひうち》式《しき》銃で、佐賀藩でも製造されるようになります。マスケット銃とは弾を銃の先から込める形式の銃で、江戸時代のほとんどの銃をさします。

庶民《しょみん》の着物《きもの》と道具《どうぐ》

江戸時代は庶民文化の栄えた時代です。それを支えたのは、もちろん二百六十年もの長い平和でございます。

男性の髪型は、武家に倣《なら》って髷《まげ》が結われるようになります。女性は下げ髪から、やはり髷が主流になり、そこから様々な髪型へと発展します。衣装も堅い麻から柔らかくて吸湿性、保温性の高い綿へと移行し、織りや染めも発展します（庶民は絹を着ることを禁じられておりました）。

時代が下るにつれ、女性の帯はどんどん幅広になります。裕福な女性の着物の様式は武家に倣います。屋敷への女中奉公から武家文化を吸収し、庶民に広めていきます。

男性のは一般的な「お店者の着物」をご紹介します。その他の職人や棒手振の装束は【庶民の生業】（百一頁《ページ》）の章をご覧下さい。

女性《じょせい》の着物《きもの》

お洒落《しゃれ》な前掛《まえかけ》は、ご贔屓筋《ひいきすじ》からの贈り物

庶民の女性は普段着には黒襟を付けます。着物が傷んだり汚れたりするのを防ぐためです。暑い季節は襟元を大きく開き、下に着る着物の見せ襟にお洒落をします。江戸では「半襟屋《はんえりや》」（百六十八頁《ページ》参照）もあれば「きれ売《うり》」（百二十二頁《ページ》参照）もいますし、三井越後屋（三十五頁《ページ》参照）も切売りをしてくれますので、お洒落な布を少しだけ手に入れられます。庶民女性にとって、見せ襟のお洒落は基本中の基本です。

絵の「長屋の女房」は帯をしていませんね。出掛けない時は帯を締めないこともよくあります。動きやすいように着物も端折《はしょ》って、湯文字《ゆもじ》姿

です。湯文字は下着ですから、もともとみせないものでしたが、後には洒落た湯文字が流行ります。

浴衣《ゆかた》の女性は夏の風呂帰りです。洗い髪に手拭を持っていますが、桶は持ちません。桶は湯屋のものか、借置《かりお》きにしています。石鹸代わりの糠袋《ぬかぶくろ》も中身は捨ててきますから、帰りは袋だけになります。しどけない姿で色っぽいですねぇ。男物の下駄を履いて、「旦那がいるのよ」という素振りで男を避《よ》ける様も粋です。

寒い季節の外出には頭巾《ずきん》を用います。風が強いのか袖頭巾《そでずきん》を被った上から手拭を巻いています。江戸後期には女性も羽織を着ます。

庶民の着物と道具

商家の礼装姿

普段の外出には、前で帯を締める、抱え帯にすることもある

商家の娘振袖姿

武家より派手で自由に流行を追う

商家の晴れの日の姿です。商家の娘は総じて武家の娘よりも派手で贅沢です。礼服はもともと武家の風習ですので、武家でも商家でも基本は同じです。色の規定はありませんが、多くが黒の紋付《もんつき》でした。女性の家紋は生家の紋を用います。

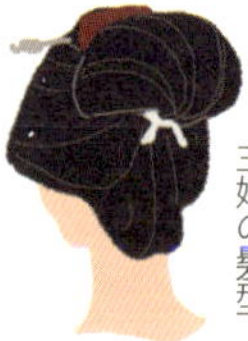

丸髷《まるまげ》 主婦の髪型

銀杏返《いちょうがえし》 若い女性の髪型

潰《つぶ》し島田《しまだ》 幅広い年齢層

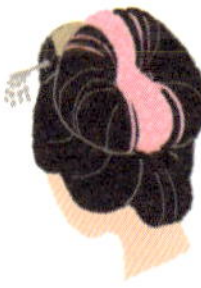

桃割《ももわれ》 女の子の髪型

髪飾《かみかざり》と化粧道具《けしょうどうぐ》

こちらは一般的な女性の化粧道具と髪飾です。「化粧」はメイクの場合には「けしょう」と読み、ファッションや美容を含める意味では「けわい」と読み分けます。

「簪《かんざし》」は、奈良時代以前に草花を髪に挿したものが原型といわれる髪飾りです。一方「笄《こうがい》」は髪を巻き上げるための道具です。「櫛《くし》」は目の細かいものから解《とき》、梳《すき》、撫《なで》の三揃えを用いて髪を整えます。

眉剃りとお歯黒はもともと貴族の文化で、武家を通して庶民の女性にも広まりました。女性が元服後にするものでしたが、江戸中期には出産後にするようにもなります。

お店者《たなもの》の着物《きもの》

庶民男性の着物は、主に羽織に小袖です。商家では、十歳前後の男の子を「小僧《こぞう》・丁稚《でっち》」として雇い入れます。真面目で商売に向けば、十五歳で元服して「手代《てだい》」になります。お店者《たなもの》（店の奉公人）は年に二回、お店から「お仕着《しきせ》」を頂けます。ですから皆さん、店の雰囲気に合った小綺麗な着物を着ています。三十～四十歳くらいで「番頭《ばんとう》」に昇進して、日常に羽織を着るようになります。番頭になってはじめて結婚も許されますが、それまでは全員が店住まいで共同生活を送ります。店の外で暮らす番頭を「通《かよ》い番頭」と呼びます。放蕩《ほうとう》息子の「若旦那《わかだんな》」は、長羽織

などを着てお洒落と遊びに凝っております。真面目な若旦那は十代から他の店に奉公に出たり、自分の家を手伝い、お仕着せではありませんが、手代や番頭など、身分に合わせた身なりをいたします。

　主は町役人《ちょうやくにん》などの公務を持ちますので、武士同様に袴《はかま》を着け、脇差《わきざし》を帯刀《たいとう》することもあります。

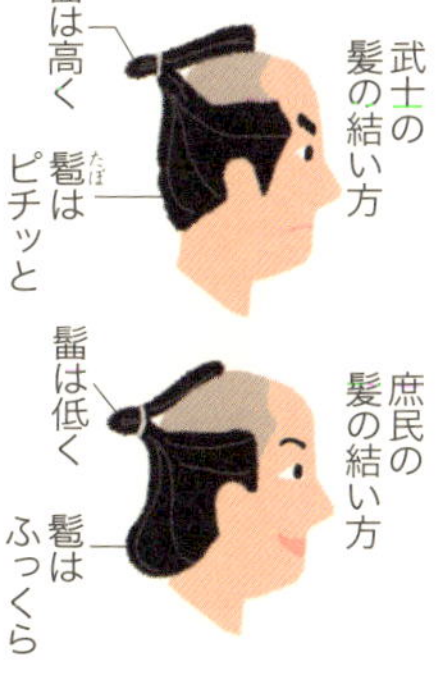

店《みせ》の主《おも》な道具《どうぐ》

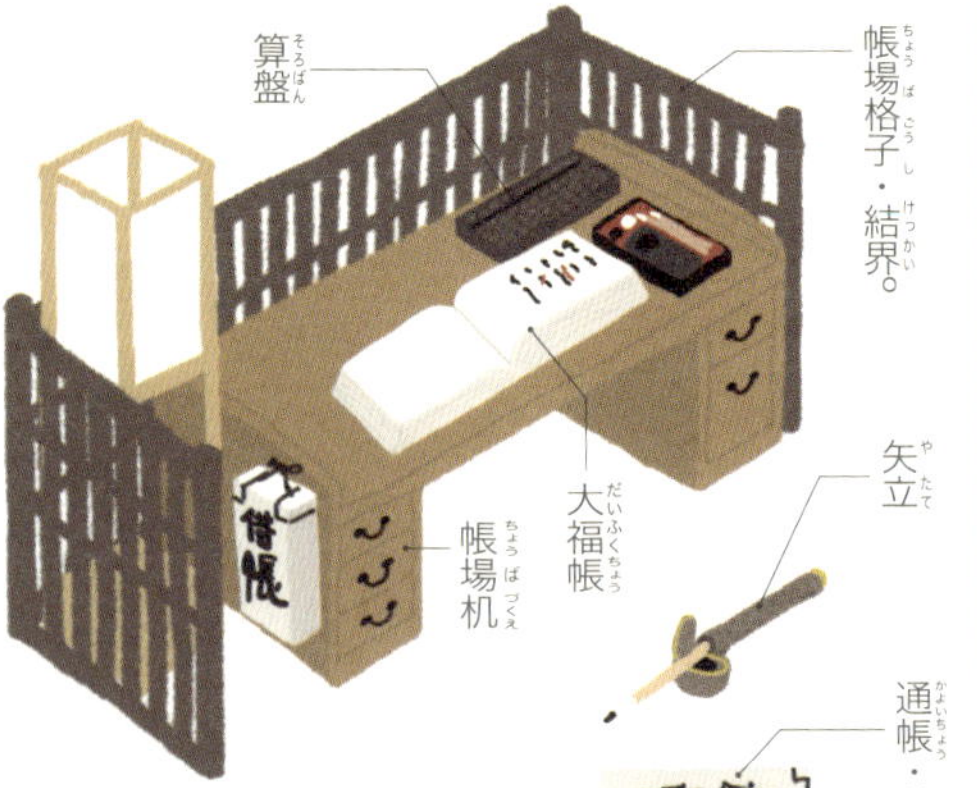

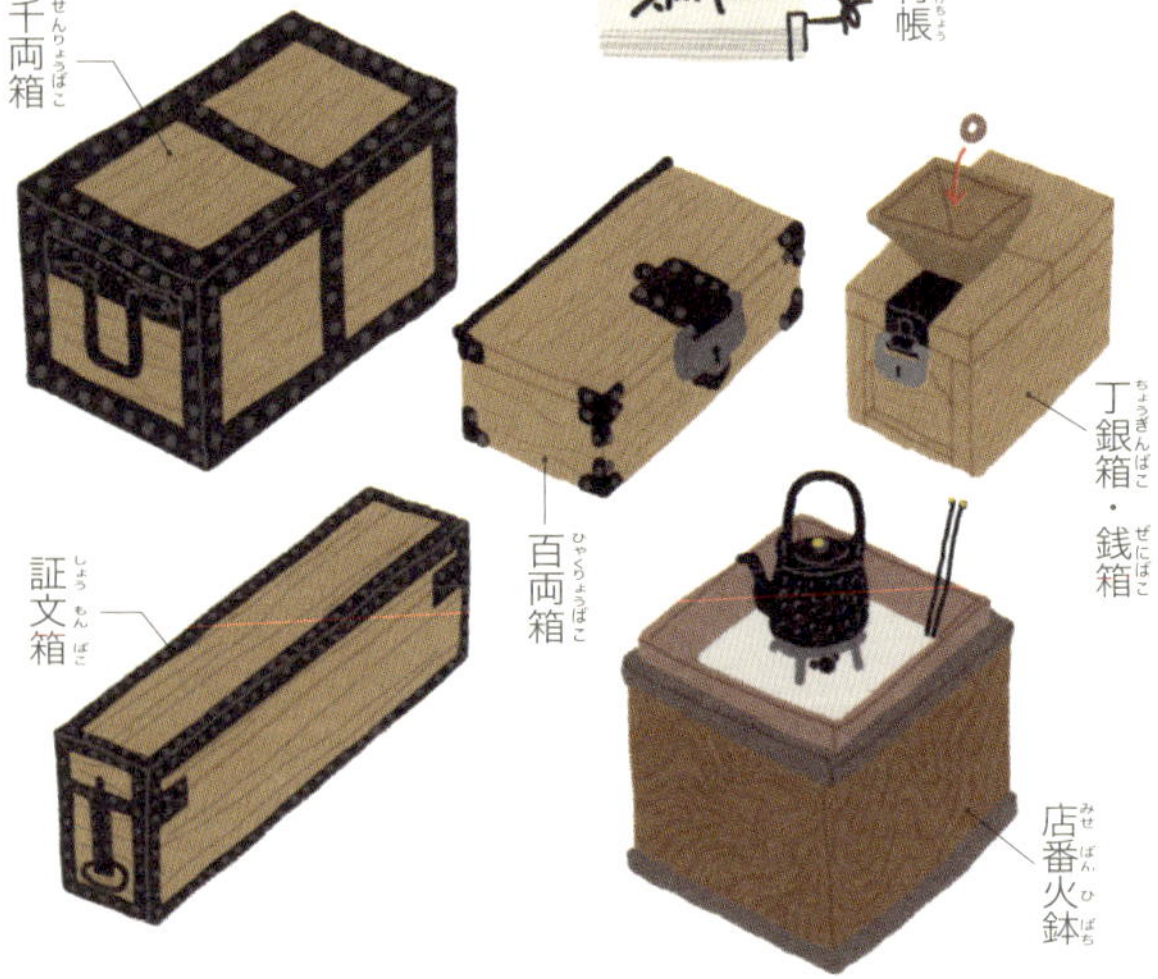

こららは商店の代表的な道具です。番頭の座る「帳場《ちょうば》机《つくえ》」には「帳場格子《ちょうばごうし》」という囲いがあります。ここで番頭が大福帳や棚卸帳などに様々な取引を記録し管理します。「矢立《やたて》」は携帯用の筆入れで、出先で「通帳《かよいちょう》」などを付けるための必需品です。小判を入れる箱は「千両箱《せんりょうばこ》」と呼ばれますが　五百両入や二百両入もあります。そして手形などの証文を入れる「証文箱《しょうもんばこ》」は大店《おおだな》の必需品です。証文には今日のビール券のような贈答用の切手もあります。

庶民《しょみん》の生業《なりわい》

江戸は百万都市でございます。その人口の約半分が庶民ですから、それはそれは様々な職業がございます。しかし、誰もが好き勝手に江戸に住み、自由に商売ができるわけではございません。庶民は人別帳で管理され、基本的には親の仕事を受け継ぎます。それでも、新しく江戸の住人になる者もたくさんおります。次男以下の者や遊女など、弟子入りや年季奉公で江戸に来る場合などです。彼らが一人前になったり年季が明けますと、江戸で自分で商売をして暮らすことができます。ただし、商売のほとんどが株や鑑札が必要ですので、請人や町役人の保証がなければ、棒手振にも簡単になれません。

また、多くの商売の代金が四文や一六文なのは、明和五年（一七六八）に四文銭が発行されたからです。時代にもよりますが、四文でおおよそ今日の百円程度とお考えください。

赤蛙売《あかがえるうり》

あかげぇろ～
あかげぇろ～

赤蛙は、小さな子供の疳《かん》に効くとされ、薬食として好まれます。ですんで、お客は主に乳母《うば》です。その場で皮を剥《は》いてさばいてくれます……。ちょっと怖いですね。食べるのは主に股肉で、干物は薬種《やくしゅ》問屋《どいや》などでも買えます。

朝顔売《あさがおうり》

朝顔は夏の風物詩です。主な産地は御《お》徒町《かちまち》（上野）です。下級武士が組屋敷で、現金収入を得るために栽培するからです。突然変異で生まれた珍しいモノは高値で売れます。

どうだい、
今年一番の
朝顔だよぉ

浅蜊売《あさりうり》

からあさり
からあさり
一杯三～十五文

朝早く町を廻るのは、朝食用の浅蜊や蜆《しじみ》、豆腐売に納豆売です。蜆や蛤《はまぐり》は年中買えますが、浅蜊は夏の食べ物で、江戸前の貝を、深川《ふかがわ》の漁師の子供が商います。

油売《あぶらうり》

一合二十〜六十四文

それでね、あれでね、だからあれなんだよぉ

油は主に行灯《あんどん》に使います。店売りの他、棒手振《ぼてふり》が数種類の油を担いで売りに来ます。安いものは魚油で、高いものは菜種油です。最後の一滴が落ちるまで、話をして待ちますので、はた目からは、無駄話をしているようにみえることから「油を売る」という表現ができました。

甘酒売《あまざけうり》

あまざけぃ
あまざけぃ
甘酒

一杯六〜七文

天秤に担いだ箱の上に、釜《かま》が乗っていますね。箱の中に火鉢があり、甘酒を温めて売っているんです。江戸中期までは冬の飲み物でしたが、だんだん季節に関係なく楽しまれるようになります。

飴売《あめうり》

飴売には色々なものがありますが、唐人の扮装をした「唐人飴売《とうじんあめうり》」（百五十八頁《ページ》参照）、狐の着ぐるみを着た「狐の飴売」、他にも「お万が飴売」「おじいが飴売」「鎌倉節の飴売」（百二十五頁《ページ》参照）「土《ど》平飴売《へいあめうり》」「ホニホロ飴売」などなど。どれも奇抜な格好をして、子供らに人気があります。

鮎売《あゆうり》

昨夜とった鮎だよ

鮎は春の初物《はつもの》から、秋のさび鮎まで楽しみます。江戸の鮎は玉川（多摩川）が名産地で、夜にとったものを若い女性が歌を歌いながら夜通し歩いて、四谷塩町の問屋へ運びます。

鋳掛屋《いかけや》

いい男だねぇ

鍋、釜など、鉄の器の穴を修繕する商売を申します。鞴《ふいご》を担いでやって来て、その場で鉄を溶かして流し込んだり、叩き直したりして、修繕してくれます。

筏師《いかだし》

冬でも同じ格好で働く

「川並《かわなみ》」とも申します。水に浮かせた丸太を扱う者です。材木は木場（貯木場）で水に浮かせたまま乾燥させます。そうすると乾燥に時間はかかりますが、割れたり、虫が付いたりいたしません。真冬も水の上で働きます。

居酒屋《いざかや》

はじめは酒屋が試飲させる程度の店でしたが、江戸後期には酒と料理の店へと変化します。居酒屋は八～四十八文くらいで飲み食いできます。お酒だけ出していた頃は貧しい庶民の店でしたが、料理が良くなると武士も利用するようになります。武士用に特別な席は用意されていませんが、庶民とは別の席を使います。酔って喧嘩になると大変ですし、武士は庶民と同じ場所で食事をしないことになっていますので。

そして、今日と違うところはテーブル席がなく、絵のように床几《しょうぎ》か小あがり(座敷)を使います。床几のふたりのように片足を上げる座り方を矢大臣《やだいじん》と申します。

縄暖簾が看板
酒は一合八文から

石屋《いしや》

かん
かん
かん

石屋は「石切《いしきり》」「石工《いしく》」とも呼ばれます。大工と並んで、江戸の町を築くのに重要な職人です。建築の基礎や敷石、石垣以外にも、鎚《かなづち》と鏨《たがね》で、灯籠《とうろう》や鳥居、狛犬《こまいぬ》、お稲荷さんなども作ります。

医者《いしゃ》

医者の多くは、仕官《しかん》できない武家の二男坊以下が目指すためでしょうか、江戸後期には漢方、蘭方《らんぽう》合わせて約二万七千人の医者が市中におります。しかし人数は多くても、治療代・薬代が高く、長屋の庶民はもっぱら神頼みをしております。

絵は治療代の安い「徒医者《かちいしゃ》」と、売れっ子の医者である「はやり医者」です。はやり医者は駕籠に乗るので「乗物医者《のりものいしゃ》」とも呼ばれます。徒医者で治療費が二分、薬代が一貼（一服）銀二分。はやり医者だと、治療代だけで二両二分もいたします。蘭方医の場合は診察代が銀十五～三十匁《もんめ》、薬は七日分で銀三十匁くらいになります。

医者の種類は、「本道《ほんどう》」＝内科医、「金創《きんそう》」＝外科医、「仲條《ちゅうじょう》・女医者」＝堕胎医、「児医者」＝小児医、「眼医者」「産科医」「接骨医」などがあります。

徒医者

はやり医者

市子《いちこ》

降霊術《こうれいじゅつ》で占う女占師を申します。女衆《おなごしゅう》にたいそう人気で、長屋で商いをする者や、出向いて商いする者がいます。占う内容は今日と変わらず、男運と健康のことが主でございます。

一膳飯屋《いちぜんめしや》

ひと品八文
定食二十四文

定食屋です。床几《しょうぎ》か小《こ》あがり（座敷）にお客が座り、お膳で食事が出されます。「一膳」というのは日常の食事のことで、正式な食事は二ノ膳、三ノ膳が付きます。ですんで、そういった豪華な食事を「二ノ膳付《にのぜんつき》」などと申します。

糸売《いとうり》

絵は歌舞伎の扮装ですので派手ですが、江戸前期にこうして箱を担《にな》って糸を売り歩いた者を申します。糸の他に針などの裁縫道具も扱います。江戸中期以降は店売りがほとんどになり姿を消しました。

井戸屋《いどや》

井戸屋の工賃は三両二分

江戸の自慢といえば水道で、井戸といえば水道井戸をいいますが、裕福な商家や武家御屋敷、特に山手では掘抜井戸《ほりぬきいど》もたくさんあります。以前はひとつ掘るのに百両もかかりましたが、安く掘る井戸屋の登場でさらに普及します。

稲荷鮨屋《いなりずしや》

鮨、蕎麦《そば》、鰻《うなぎ》と共に江戸っ子に人気があるファーストフードが稲荷鮨です。主に夜の商いで、小腹の空いた客が一、二個つまんで行きます。また、油揚げは油分の摂取が少ない江戸の人には、うってつけの健康食でもあります。

芋売《いもうり》

江戸で芋といえば里芋をさします。江戸近郊の農家が天秤《てんびん》で担いで売り歩きます。芋が一番売れるのは秋のお月見の季節です。月にお供えしていただきます。

鰯売《いわしうり》

鰯は江戸庶民に最も食べられた魚です。旬《しゅん》には生鰯、それ以外は干鰯で食べます。また、節分には柊《ひいらぎ》と共に赤鰯の頭が飾りとして売られます。

印判師《いんばんし》

判子を彫る職人を申します。江戸前期までは花押《かおう》というサインが主に用いられましたが、徐々に判子に変わります。主な材料は柘植《つげ》です。今日では判子のことを「印鑑《いんかん》」とも申しますが、印鑑は判《はん》鑑《かがみ》とも申します「印影の登録書」を申します。

植木売《うえきうり》

植木売は主に寺社境内《けいだい》の縁日で商っています。絵のように担いで売り歩くものは、店売りよりも割高です。庶民の家にはほとんど庭はありませんので、皆さん鉢植えや盆栽で緑を楽しみます。

打物屋《うちものや》

包丁屋のことを申します。料理から、裁縫に使う包丁、畳や莨《たばこ》を切る職人用のものまで、様々な種類を商っています。特に堺《さかい》の包丁が名品として好まれます。

団扇売《うちわうり》

団扇には、本渋団扇《ほんしぶうちわ》、更紗団扇《さらさうちわ》、錦絵団扇、奈良団扇、反古団扇《ほごうちわ》などがあります。季節は今日の七月から九月頃で、役者絵のものが人気です。

一本十六～四十文

鰻《うなぎの》辻売《つじうり》

店売りの蒲焼《かばやき》はひと串が二百文と大変高価ですが、辻売は十六文と蕎麦《そば》と同じ値段で食べることができます。焼売りの店は江戸中期頃からで、鰻重が発明されたのは天保の頃（一八三〇〜一八四四）です。この時代になると鰻屋は一町に二、三軒と蕎麦屋並に繁盛します。

鰻辻売は、店を持たず、路上でさばいて焼いて売る商売で、天秤で担いで、家々を廻る鰻屋もいます。あっちから鰻のいい匂いに来られちゃうんじゃたまりませんねぇ。これらの鰻屋は鰻重ではなく、蒲焼だけを売っております。

漆《うるし》かき

江戸の町では、漆の原料から水分を抜く「くろめ」という作業をする者を申します。漆を入れた大きな桶を店頭に並べまして、天日に当ててゆっくりと具合をみながら混ぜます。

うろうろ舟《ぶね》

屋根舟や屋形船をめぐって、水菓子（果物）などの食べ物を売る者を申します。特に大川《おおかわ》（隅田川）の両国《りょうごく》あたりは船遊びが多いのでよく現れます。

上絵師《うわえし》

生地に紋章や模様を描き入れる職人を申します。大きな模様は先に染めて、花鳥画などの細かい部分を後で上絵師が描き込みます。紋の場合は、着物に丸い白抜きをしまして、そこに細かい紋の絵柄を描き入れます。ひとつひとつが手作業ですので紋付きは高価な着物なのです。

餌差《えさし》

「鳥刺《とりさし》」とも申します。江戸近郊は、鳥を捕ることが禁止されています。そこは将軍の御鷹場《おたかば》だからでございます。餌差は将軍家の鷹匠役《たかじょうやく》で、鷹の餌用に鳥を捕まえる者を申します。捕るのは主に雀《すずめ》で、手に持った竹竿で刺して捕まえます。この竿は三～四本継ぎで、挿絵の倍ほど長くなります。

絵双紙売《えぞうしうり》

正月の書初《しょはじ》めに読む絵双紙（絵入りの本）を売る商売です。絵双紙を長い竹の先に挟んで売り歩く者もおります。値段は八文～二百文と、売る本や錦絵によって様々です。年中売る者は御法度《ごはっと》のニュースや美人画などを扱います。大声で面白可笑《おもしろおか》しく読み上げて売り歩くのは「読売《よみうり》」とも呼ばれます。

絵双紙は一冊
八～十六文、
美人画は
三十二文

枝豆売《えだまめうり》

今日の七月から九月頃までに現れる夏の風物詩のひとつです。大名屋敷の長屋塀に住む単身赴任の下級武士がお得意さんです。彼らは窓から呼び止めて買い物をします。

越前屋《えちぜんや》

江戸には、伊勢屋と並んで、越前屋という屋号の店が多いのですが、木戸番小《きどばんご》屋《や》の俗称としても使われます。番小屋というのは、町木戸《まちきど》の番をする番太郎《ばんたろう》の住み込む小屋のことで、昼間は駄菓子や草《ぞう》履《り》などの日用品を売っております。番太郎が越前出身者が多いのでこう呼ばれます。

絵馬売《えまうり》

えまや、
がくやがくや

「絵馬額売」とも申しまして、年の暮れから新年に、お稲荷さんや荒神様《こうじんさま》に捧げる絵馬を売り歩きます。お稲荷さんは裏長屋にひとつ必ずあり、荒神様はどの家でも竈《かまど》の上に祀《まつ》りますので、需要はたくさんございます。

扇箱買《おうぎばこかい》

ひと箱一、二文

「払扇箱買《はらいおうぎばこかい》」とも申します。お正月の挨拶用に配る扇の箱を買い集め、再利用する商売です。お年玉として使われる扇箱は、振るとカタカタと音がしますが、中身は竹ひごが入っているだけです。誰も開けたりせず、年始の挨拶に玄関で頂き、井《い》桁《げた》に積んでおきます。江戸後期には扇を贈る習慣も減りまして、この商売もなくなります。

大家《おおや》

吉助にいい嫁はいないかね？

「家守《やもり》」「差配《さはい》」とも申します。江戸に長屋ができたのは、明暦の大火（一六五七）以降です。大家は長屋の管理人でして、持ち主は「地主《じぬし》」と申します。長屋の住人である店子《たなこ》の管理と、町役人《ちょうやくにん》として町の管理もいたします。町人として身分が高いので、紋付きの長羽織を着て、袴も着けています。給料の他に町役人手当と、店子のウンチを売ったお金が収入となります。絵では大家どうしが店子の嫁探しをしています。店子が男ばかりだと、やがて独居老人が増えて、世話をする者がいなくなるので、働き者には女房を世話するなど、老若男女を塩梅《あんばい》よく住まわせるのも、住みよい長屋にするための大家の仕事です。

苧殻売《おがらうり》

灯籠売
苧殻売
おがら、おがら、おがら

苧殻は、お盆の迎え火に使う麻の芯を申します。七月の八、九日に「灯籠売《とうろううり》」などと共に売り歩きます。

桶屋《おけや》

桶には様々な大きさや用途がありますが、どれも木板を組んで竹の箍《たが》で締めて作ります。木組みも難しいですが、しっかり締める箍を編むのも熟練の技が必要です。桶や樽を作るほか、修理もしてくれます。

おでん屋《や》

おでん、かんざけ、あまいとからい
あんばいよし
おでん
かん酒

「上燗屋《じょうかんや》」とも申します。豆腐、芋、蒟《こん》蒻《にゃく》を茹《ゆ》でて味噌を付けた田楽《でんがく》と、煮込みおでん、それに熱燗《あつかん》を商います。箱の中に七輪《しちりん》があり、いつでも熱々が食べられます。冬の夜は特に美味しそうですね。

お咄売《はなしうり》

おはなしおはなし！
情報代四文

富《とみ》くじの「当たり情報」を売る者を申します。くじを買った者しか用のない情報に思えますが、もともと富くじを買えるのは金のある者で、庶民ではありません。庶民はその番号で、勝手に賭けを行いますんで、これが売れるんですな。買うといってもコソコソっと耳打ちするだけで、番号を書いた紙などは売りません。

御物師《おものし》

武家屋敷に勤める裁縫師を申します。一般には「針子《はりこ》」「宮中《きゅうちゅう》」、寺院では「針妙《しんみょう》」と呼びます。ただし、寺院の場合は僧侶の妻をさす場合もあります。

音曲《おんぎょく》の師匠《ししょう》

音曲は江戸の女性にとって、嗜《たしな》みのひとつですので、裕福な家の娘は手習所《てならいじょ》（寺子屋）の後に通います。三味線や琴の他に、踊りも教えるのは「五目《ごもく》の師匠《ししょう》」と呼ばれます。

一方、男性も師匠目当てに、小唄なぞを習いによく通います。なにせ音曲の師匠になる方は、遊女や女中上がりの大人の女性が多いですから、モテモテです。

江戸中期から盛んになった、女性の髪を結う美容師さんです。彼女たちの登場前、女性は自分で結っておりました。女性用の床店《とこみせ》というのはなく、店を持たない廻髪結《まわりがみゆい》のひとつです。人気の髪結は一回百文といわれ、贔屓《ひいき》の客は、芝居や料理屋にも伴って行きます。使ったのは主に遊女や芸子、町人の妻娘です。天保の改革で禁止となり、徐々に少なくなります。

女髪結《おんなかみゆい》

月契約、または一回三十二〜六十四文

「おんみょうじ」とも読みます。正式には宮中の陰陽道を司《つかさど》る者ですが、江戸におりますのは占師の一種で、祈祷《きとう》をして神のお告げを伝える商売です。

陰陽師《おんようし》

「首掛芝居《くびかけしばい》」とも申します。家々を廻り銭を頂く商売です。箱の中の人形を歌いながら踊らせ、最後に「ちちくゎい、ちちくゎい」と叫んで終わります。

傀儡師《かいらいし》

鏡磨《かがみとぎ》

手鏡を磨く職人です。当時の鏡はガラスではなく金属で、空気に触れるだけでやがて曇ってしまいますので、定期的に磨《と》ぐ必要があります。主に農夫が農閑期に出稼ぎでやる冬の商売です。また、「鏡師《かがみし》」と呼ばれるのは、磨きもしますが、鏡を作る方の職人をいいます。

角兵衛獅子《かくべえじし》

越後（新潟）からやって来るので、越後獅子とも申します。初夏から晩秋にかけての大道芸で、少年の獅子が軽業《かるわざ》をみせます。

掛《かけ》請《ご》い

「掛取《かけと》り」とも申します。多くの商売がツケで商われ、集金は毎月晦日《みそか》（月末）か節句ごとに行います。その集金をする者を申します。中でも大晦日《おおみそか》は、取る方も取られる方も必死です。あちこちお得意様を廻りますので、後の方はたいてい夜になります。

掛けを頂きにまいりました

駕籠舁《かごかき》

駕籠を担ぐ者を申します。駕籠には大きく分けて「乗物《のりもの》」「町駕籠《まちかご》」「道中駕籠《どうちゅうかご》」の三種類があります。乗物は将軍や大名などの偉い方の乗るもので、担ぐ者は駕籠舁《かごかき》ではなく「六尺《ろくしゃく》」と呼ばれます。

一般の駕籠は乗物よりも簡素な作りで、戸ではなく覆《おお》いを使い、江戸市中で使う駕籠を「町駕籠《まちかご》」と呼びます。「辻駕籠《つじかご》」は最も一般的な町駕籠で、呼び止めるか、立《たて》場《ば》で拾います。

一方、「宿駕籠《やどかご》」は駕籠屋が出す高級なもので、主に裕福な方が使います。料金が非常に高いので、若旦那が吉原へ行くのに使うと勘当されるといわれ、「勘当箱《かんどうばこ》」とも呼ばれます。この駕籠を担ぐ者はそろいの長袢纏《ながばんてん》を着た粋な若者で、町娘にも人気があります。同じ字で「宿駕籠《しゅくかご》」と読みますのは街道で使う「道中駕籠」でして、江戸市中には入れません。

ちょっと乗ると
銀五匁(五百文)+酒手(チップ)

辻駕籠の
二〜十倍の値段

籠職人《かごしょくにん》

竹、籐《とう》、柳などで籠や笊《ざる》、魚籠《びく》などを作る職人です。一般の籠は冬に切出した真竹を乾燥させて用います。良い籠に使う竹材は、火で炙《あぶ》って油抜きをしたものを使います。水にも乾燥にも強く、艶が出て見栄えもよくなります。

傘屋《かさや》

うちのは造りが自慢です
善

「笠屋《かさや》」と区別するために「唐傘屋《からかさや》」とも申します。閉じることのできる傘を唐傘と呼び、「からくり傘」が語源ともいわれます。傘屋では大きくて簡素な作りの「番傘《ばんがさ》」や、蛇の目模様が描かれた、小振りで作りのいいの「蛇《じゃ》の目傘《めがさ》」、華奢《きゃしゃ》でお洒落《しゃれ》な「紅葉傘《もみじがさ》」、リサイクル品の「張替傘《はりかえがさ》」、それに「絵日傘《えひがさ》」なども売られています。絵の店では、軒先に色々な提灯《ちょうちん》がぶら下げられていますので、提灯も商っているようです。

錺職人《かざりしょくにん》

「錺《かざり》師《し》」「飾屋《かざりや》」とも申します。簪《かんざし》や袋物の金具、建物や家具の金具、刀の鍔《つば》など、あらゆる金属に図柄を彫ったり、抜いたり、金銀で彩色して飾り付けをする職人です。評判の錺職人は女性にモテますが、人気になると同じものばかり作らされるのが悩みの種です。自分で客をみつける商売ではありませんので、生活の善し悪しは発注を受ける小間物屋や仏具屋しだいでございます。

貸本屋《かしほんや》

一冊十六〜二十四文
子供の本は二〜四文

貸本屋は本を担《かつ》いで、長屋から大名屋敷の奥向《おくむ》き、遊女屋まで様々なところへ本を貸しに行きます。だいたい、三日に一度お得意様を廻ります。お客は女性が多く、人情本、絵双紙《えぞうし》などがよく読まれます。江戸っ子はとても本好きです。それは、一町に二〜三軒も手習所《てならいじょ》（寺子屋）があるほど、多くの人が読み書きを学んでいるからでしょう。また、本を貸すだけでなく、出版をしているところもあります。

鍛冶屋《かじや》

鍛冶屋には、刀鍛冶《かたなかじ》とその他の鍛冶とがあります。刀鍛冶は烏帽子《えぼし》を被っています。身なりは良くても儲かる仕事ではありません。その他の鍛冶は汗をかく仕事ですから、適当な格好で上半身裸です。女性の鍛冶屋もおります。

鰹売《かつおうり》

初鰹一尾
三分〜三両

鰹の季節の魚屋を申します。鰹は江戸っ子の好物で、特に初鰹《はつがつお》には目がありません。鰹は辛子味噌などを付けて刺身でいただきます。なにせ冷凍庫のない時代です。水揚げした魚を早く売るため、走って売り廻ります。俎《まないた》を持っているのは、売ったその場でさばくためです。ちなみに初物《はつもの》は庶民の楽しみで、武士は赤身の魚を食べませんし、高くて買えません。武士が買えないってことが、また江戸っ子を面白がらせます。

瓦灯売《がとううり》

瓦灯は陶器で作った安くて丈夫な照明です。寝る時には台を被せて光量を調節することができます。

ひとつどうだい？

蕪《かぶ》・南瓜売《かぼちゃうり》

蕪は短い大根のような形のものや、小蕪という小さくて丸いものがあります。南瓜は「ぼうぶら」「南京《なんきん》」とも呼ばれ「唐茄子《とうなす》」ともいいます。甘い「初南瓜《はつかぼちゃ》」は女性が競って買い求めます。もちろん、旬《しゅん》よりも高いので、亭主のいない時分《じぶん》を狙って売りに来ます。

かぶちゃん
かぶちゃん

鎌倉節《かまくらぶし》の飴売《あめうり》

鎌倉節を唄いながら、からくりの人形が鉦《かね》を叩いて合の手を入れる趣向で、江戸後期に流行《はや》った飴屋です。歌舞伎の市村羽左衛門が舞台で演じ、その礼に市村の紋のついた着物をもらったことで、さらに有名になりました。

竈師《かまどし》

竈は土でできていますので、一年も使うと傷んでまいります。裕福な家や料理屋では、年末に廻って来る竈師に頼んで、修繕してもらいます。江戸の竈は黒です。

髪買《かみかい》

「髪拾い」「おちゃない」とも申します。女性の抜け髪を買い集め、髢《かもじ》や鬘《かつら》の材料にする商売です。貧しい者は自分の髪を切って、髪買に売ることもあります。その他、寺院から遺体の髪も買います。

おっちゃない〜
おっちゃない〜

紙屑買《かみくずかい》

古紙、古布などを買い取る者を申します。ふたり連れで町を廻り、天《てん》秤《びん》で目方《めかた》を量って買い取ります。

雷《かみなり》おこし屋《や》

浅草名物の雷おこしは江戸時代から土産物として好まれております。おこしそのものは以前からあった菓子で、浅草寺《せんそうじ》の雷門《かみなりもん》再建にちなんで、浅草のおこしにこの名が付けられました。

おとっちゃん！お客が来たよ

髪結床《かみゆいどこ》

髷《まげ》に月代《さかやき》という江戸の男性の髪型は、自分で整えることができませんので、自然と床屋が繁盛します。普通は三日に一度くらいの頻度で通います。また、髪結は町方《まちかた》の情報屋として、または火消《ひけし》としても働きますので、会所地《かいしょち》や火除地《ひよけち》に店を出すことが許されています。一方、女性は床屋には行きませんで、自分で結えるようになるのが大人の証ともいわれます。江戸中期以降は「女髪結《おんなかみゆい》」と呼ばれる出張の髪結いが流行《はや》ります。それでも、武家の女性は家中で結い合うのが基本です。

髢屋《かもじや》

「髢」とは付毛《つけげ》のことを申します。本来「かつら」と読みますが、御殿女中《ごてんじょちゅう》が使う文字詞《もじことば》（頭文字＋「もじ」）で呼んだものが、一般に広まり、「かもじ」と呼ぶようになりました。

蚊帳売《かやうり》

呉服屋が声の良い者に紙貼りの籠《かご》を担がせて売り歩くものです。呉服屋の手代《てだい》が一緒に歩いて商売します。蚊帳には麻で作った「萌葱《もえぎ》の蚊帳《かや》」と、小さい「枕蚊帳」「母衣蚊帳《ほろかや》」があります。

唐紙屋《からかみや》

唐紙とは襖紙《ふすまがみ》などに用います、キラキラ光る細工などを施した飾紙を申します。キラキラ光るのは、金ではなく雲母《うんも》という鉱物です。

からから売《うり》

でんでん太鼓のような子供の玩具《おもちゃ》を売る商売です。担《かつ》いでいるのは弁慶《べんけい》と呼ばれる、棒に藁束《わらたば》をくくり付けたものです。藁に商品をたくさん差し飾った様が、弁慶の七つ道具のようなので、こう呼ばれ、行商によく利用されます。

辛皮売《からかわうり》

食当たりを防ぐために、薬味《やくみ》として使う山椒《さんしょ》の木の皮を売る商売で、春になると女子《おなご》が担いでやって来ます。江戸中期までよく食べられました。刺身や麺、漬け物にして食べますが、山椒の実よりもずっと辛く、刺激が強いので、女《おな》衆《しゅう》はあまり好みません。

からくり的《まと》

芝神明宮《しばしんめいぐう》のお祭りに出店する縁日の遊びです。吹矢で的を射る単純なものですが、的中すると妖怪や鳥獣の人形が上から飛び出すというからくりの面白さで、大変な人気です。

花林糖売《かりんとううり》

深川《ふかがわ》名物の花林糖は、今日のような小麦粉を揚げたものではなく、黒砂糖漬けにした花梨《かりん》のことで、オレンジピールみたいなお菓子です。花梨は喉《のど》にもいいので、大人のお菓子にはいいですな。大きな提灯を持って夜に売り歩きます。

八〜二十四文

刻莨売《きざみたばこうり》

小箪笥《こだんす》を担いで刻莨を売り歩く商売を申します。江戸の方は男女問わず莨好きですので、様々な種類を売っております。

狐舞《きつねまい》

大晦日《おおみそか》の吉原に獅子舞《ししまい》の代わりにやって来ます、魔除け福招きの芸能です。お囃子《はやし》を連れてお茶屋を廻ります。

灸点所《きゅうてんじょ》

「灸据え所《きゅうすじょ》」とも申します、灸治院です。江戸の方はお灸をよく利用します。特に二月二日と八月二日は、よく効くと信じられております。看板には娘が灸を据える絵が描かれますが、実際に灸娘がいるところはほとんどございません。

経師屋《きょうじや》

「表具屋《ひょうぐや》」とも申します。掛軸《かけじく》や巻物《まきもの》、屏風《びょうぶ》、襖《ふすま》などに絵を貼り込んだり、飾りを施したりする職人です。

曲馬《きょくば》

曲馬乗り

張子《はりこ》の馬を抱えて曲馬乗りの真似をする大道芸《だいどうげい》と、走る馬（本物）の上で様々な技をみせる軽業《かるわざ》があります。本物の方は「曲馬乗り」として、見世物小屋《みせものごや》などで興行し、とても人気があります。大道芸はその真似をして人々を笑わせるものです。

曲屁《きょくべ》

どうにも品のない芸ですが、三味線や小唄に合わせて屁《ひ》を放る曲芸を申します。梯子屁《はしごっぺ》、祇園囃子《ぎおんばやし》、犬の鳴き声など様々な技があり流行《はや》りましたが……「江戸文化だ」などと申して真似などなさいませんように。

きれ売《うり》

端布《はぎれ》を売る商売です。様々な柄《がら》の布を担《かつ》いで廻り、切り売りもいたします。反《たん》物《もの》は高価ですので、繕物《つくろいもの》や人形の飾りなど、少し用いる時に重宝《ちょうほう》いたします。

金魚売《きんぎょうり》

「めだか売」とも申します。夏から秋にかけて、金魚やメダカを売り歩く商売を申します。下谷《したや》や本所《ほんじょ》あたりで金魚を養殖しております。金魚はランチュウ、ニワキン、ミツオなど色々な種類があります。

金時売《きんときうり》

大角豆《ささげ》を砂糖で甘く煮た、金時豆を売り歩く商売です。子供のおかず、離乳食《りにゅうしょく》に喜ばれます。

下《くだ》り飴《あめ》

水飴を固めたものを鉋《かんな》や鑿《のみ》で削り、杉の棒にくっ付けたものです。初期の頃には地《じ》黄煎《おうせん》を加えた茶色の飴で、下痢に効いたこと、そして上方から伝わったことで「下り」飴と呼ばれます。

芥《け》子《し》之《の》助《すけ》

宝暦（一七五一～一七六四）の頃、浅草で人気になりました大道芸を申します。豆と徳利《とっくり》、それに鎌《かま》など、形も大きさも重さも違うものを手玉にとったり、手妻《てづま》（手品）をみせたりいたします。

下駄歯入《げたのはいれ》

働き者ほど下駄が減り、怠け者には用はなし

下駄を修理する商売です。天秤《てんびん》で道具と材料一式を担《かつ》いで町を廻ります。下駄はどんなものでも歯の交換ができます。

けだもの屋《や》

「ももんじ屋」「山奥屋《やまおくや》」とも申しまして、獣肉の鍋料理を出す店を申します。はじめの頃は、夜の屋台などで出されましたが、天保（一八三〇～一八四四）の頃からは専門の料理屋として営まれるようになりました。安政六年（一八五九）には横浜が開港され豚肉や牛肉も、徐々に食べられるようになります。

あったまるねぇ

下馬売《げばうり》

一杯くれ
へい。お寒うございますなぁ
酒

御城の下馬所《げばしょ》付近や御屋敷、寺社の前などで、主人を待つお供の中間《ちゅうげん》、小者《こもの》たちを相手に、食べ物や酒を売る者を申します。冬は特に暖かい煮売が人気です。なにしろ中間たちは薄着ですから、飲み食いしないと、寒さに耐えられません。

けんどん屋《や》

江戸初期までの蕎麦屋《そばや》の呼び名でございます。主に店売りの蕎麦屋をこう呼びます。中期以降は、蕎麦、うどん、飯、酒を一杯盛切りにして食わせる店を申します。蕎麦以外になにも出さず、おかわりも薦めないので、愛想のないことを「つっけんどん」というようになったという説もございます。

　また、出前が持つ岡持《おかもち》も「けんどん」とも呼びます。

蕎麦切一杯くんな！
お小夜ちゃんはいつみてもべっぴんだねぇ
食ったらとっととけいりな
そば切

口中《こうちゅう》医者《いしゃ》

医者とは申しますが、大道芸の「居合《いあい》抜《ぬき》」などが虫歯を抜くものです。目にも留まらぬ太刀の早技で、歯を抜くのも一瞬！という触れ込みです。また、入れ歯を作る職人もこう呼ばれますが、共に医学の知識はありません。

動いてはならぬぞ！

肥取《こえとり》

屋敷や長屋の糞尿を買い取りに来る農民を申します。同じ時代の欧羅巴《ヨーロッパ》では、道や町外れに無計画に投棄しておりますので、糞尿をリサイクルする江戸は比べものにならないほど衛生的です。が、それを田畑に撒きますので、江戸郊外の農耕地周辺は相当匂います。

たくさん食って
いい糞
するんだぜ

拵屋《こしらえや》

安刀一本二分
柄の巻直し三匁
研ぎ七匁

拵えとは刀剣の鞘《さや》や柄《つか》の造作を申します。主に鞘や柄の飾り、修理、研《と》ぎなどを行いますが、刀の売買もいたします。

木《こ》っ端《ぱ》売《うり》

竈《かまど》の火付けに使う木の破片を売る商売を申します。大鋸屑《おがくず》や木材の切れ端を薄く割り、それを担いで売ります。また、薄板に硫黄を塗ったものは「付《つ》け木《ぎ》」と呼び、マッチに近いものです。

木挽師《こびきし》

「大鋸挽《おおがひき》」とも呼ばれます。大きな鋸を使って、製材する職人です。大きな木から真っ直ぐな板を切り出すのはとても技術のいる仕事です。木挽師は鋸の善し悪しにもこだわりましたが、歯の形、研ぎ方にもこだわりがありまして、他の職人に歯はみせません。

小間物屋《こまものや》

「高麗物《こまもの》」と書き、朝鮮からの輸入雑貨を扱った店がはじまりです。後には白粉《おしろい》や簪《かんざし》、笄《こうがい》、櫛《くし》、髪油、元結《もとゆい》など、女性向けの雑貨を扱う商売を申します。店者《たなもの》以外に商品を露天で売る者もいます。

さすがお目が高い！

米搗屋《こめつきや》

米を搗《つ》いて小売する「搗米屋《つきごめや》」と、臼を転がし、杵《きね》を背負ってお得意先を廻ったり、呼び止められた家で米を搗く「大《だい》道搗《どうつき》」があります。いずれも玄米を白米に精米します。お得意先はお屋敷や大店《おおだな》など、お米の消費量の多い家です。

暦売《こよみうり》

江戸の初期まで、正式な暦である「宣《せん》命暦《みょうれき》」は地方には届けられなかったため、各地で自力で暦を作っておりました。それを「地方暦《ちほうれき》」と申します。最も有名なのは関東の「三島暦《みしまごよみ》」です。ですんで、地域によって月が違うなど、大きな誤差がありました。貞享元年（一六八四）には、渋川春海《しぶかわはるみ》が新たな計算法で「貞享暦《じょうきょうれき》」を作り、幕府天文方《てんもんかた》となりまして、それ以後は全国で同じ暦が使われるようになります。

衣屋《ころもや》

僧衣《そうい》や袈裟《けさ》を仕立てる者を申します。「法衣師《ほうえし》」とも呼ばれます。お坊さんや尼さんだけでなく、未亡人となって仏門に入る裕福な奥方などが、高級な着物を法衣に仕立て直したり、故人の着物を奉納するために天蓋《てんがい》などに直したりもいたします。

紺屋《こんや》

「こうや」「むらさき屋」とも呼ばれます、藍染職人《あいぞめしょくにん》を申します。藍染めは「江戸むらさき」と呼ばれますように、江戸の名産です。ゴム手袋などはありませんから、職人の手は藍色に染まっています。

細見売《さいけんうり》

新吉原の遊女一覧を売る者です。妓楼《ぎろう》に所属する遊女の格付けを細かく記載したもので、年に二回更新されます。また、「細見」というのは、武家の格式や家紋などを記載した「武鑑《ぶかん》」を呼ぶこともあります。

変わりました新吉原~

祭文語《さいもんがたり》

でろれんでろれん♪
しゃんしゃん
祭文語

法螺貝《ほらがい》と錫杖《しゃくじょう》を持って、義太夫《ぎだゆう》、浄瑠璃《じょうるり》、ちょぼくれ節などを聞かせる商売です。祭文とは山伏《やまぶし》の祈祷《きとう》を申しますが、こちらは見世物なので、ありがたい話はございませんで、法螺貝も吹く真似だけです。音がしないので、合の手に「でろれん、でろれん」と囃《はやし》を入れます。それで「でろれん左衛門」とも呼ばれます。主に地方の方が江戸見物のついでに楽しみます。

肴売《さかなうり》

今日の鯵はたたきが旨いよ

「鰹売《かつおうり》」と同じです。鰹、鰤《ぶり》、鯵《あじ》、鯖《さば》、鰈《かれい》、鰯《いわし》にイカなど色々な生魚をその場でさばいて売ります。値段は時価ですので、おだて上手や色男は高く売れますな。

そして、肴売の天敵は天候です。海が時化《しけ》ると鮮魚が入りません。そんな時は干物を売ります。

左官《さかん》

蔵や蔵造の壁、土間《どま》などに漆喰を塗って仕上げるのが左官です。漆喰を練るのには「漆喰師《しっくいし》」と呼ばれる専門の職人もおります。

酒売《さけうり》

お望みとあれば、なんべんでもまいりますよ
お前さんが来るのを待ってたよ

こちらは桶《おけ》に酒を入れて売り歩く者を申しまして、江戸よりも京でよくみかける商売です。

さござい

「宝引《たからびき》」とも申します。お正月にやって来る子供たちに人気の紐《ひも》くじです。当たりますと、飴《あめ》や双六《すごろく》、錦絵《にしきえ》などがもらえます。安永（一七七二～一七八一）の頃から流行《はや》り、やがて景品が豪華になりまして、大人も興《きょう》じはじめたため、寛政の改革（一七八七～一七九三）で禁止となります。

さござ～い
さござい

緡売《さしうり》

銭緡買わねぇかい!

火消中間《ひけしちゅうげん》（臥煙《がえん》）が内職で作った銭緡《ぜにさし》百本を百文の手間賃で、店に押し売りします。喜んで買う者はいませんが、何せ荒っぽい連中ですので、断るに断れません。銭緡は、一文銭の穴に紐を通して九十六枚束ねたものを百文緡とします。ですから、一本に四文の差益もあるわけです。

砂糖屋《さとうや》

黒砂糖一斤
一百～二百文
三盆一斤
二百～三百文

白砂糖は「三盆《さんぼん》」とも呼ばれ、薬種屋《やくしゅや》が売っています。黒砂糖は古くからありましたが、寛政（一七八九～一八〇一）の頃に紀伊や四国で砂糖が製造されはじめ広まります。上砂糖は「唐三盆《とうさんぼん》」、特上純白のものを「雪白《ゆきしろ》」「太白《たいはく》」と呼びます。

塩屋《しおや》

塩を商う店を申します。赤穂《あこう》の塩が有名ですが、塩はあちこちで取れ、食品の中でも最も安いものです。塩屋は棒手振《ぼてふり》に道具を貸し出して、売り歩きもさせます。これを「塩売《しおうり》」と申します。

他に「塩物売《しおものうり》」というのもございますが、こちらは塩漬けの干物など、乾物食品を商う者を申します。

地形師《じぎょうし》

「胴突《どうづき》」とも申します。家を建てる地固めをする職人を申します。櫓《やぐら》を組んで、地形柱《じぎょうばしら》と呼ばれる大きな丸太を、引き上げては落して土台石を搗《つ》き基礎を固めます。絵は三十九頁《ページ》の日本橋の通りの一部です。

質屋《しちや》

物や土地建物を担保にお金を借す金融業です。庶民はだいたい着物や道具を質草《しちぐさ》にして、百～二百文を借ります。利息は月に四文になります。期間は三～八ヵ月が基本で土地は十年。長屋の住人は夏には布団を入れ、秋には入れ換えに蚊帳《かや》を入れて、タンス代わりに使います。何しろ、質屋の蔵に入れておけば、火事でも安心です。絵の十字に縛られた包みが質草で、こうして蔵へしまわれます。

質屋で金を借りるには、身元がしっかりしていて、親類や請人《うけにん》の署名がないと貸してくれません。ですから、拾った物や盗んだ物を金にしようと思っても簡単にはいきません。特に刀剣《とうけん》を預かる場合は、厳しく記録するように義務付けられております。

しのぶ売《うり》

「しのぶ」とは青苔のことで、しのぶ玉（苔玉）にして風鈴などと共に涼し気な音をさせながら売り歩きます。これも夏の風物詩でございます。

渋《しぶ》売《うり》

渋柿のエキスを売り歩く者です。木や布、紙に塗り、防腐剤《ぼうふざい》や撥水剤《はっすいざい》として使用します。「渋墨《しぶずみ》」は柿渋に墨を混ぜたもので、塀や外壁に塗ります。渋売は、液を売る者と、ペンキ屋的な者とがおります。

〆鳥屋《しめどりや》

鳥屋の俗称で、鶏肉屋を申します。扱うのは主に鶏《にわとり》「かしわ」と鴨《かも》「あおくび」です。八代将軍・吉宗様の頃に、十軒だけが商いを許されます。江戸後期には鶏肉は庶民にも好まれるようになります。

四文屋《しもんや》

「煮売酒屋《にうりさかや》」「煮売茶屋《にうりちゃや》」とも申します。なんでも四文で飲み食いできる露天の居酒屋をいいまして、寺社の境内や広小路など、人の集まるところによくおります。

しゃぼん売《うり》

夏になりますと、町に現れます。葦《あし》の茎《くき》を使ってしゃぼん玉を吹きながらしゃぼん液を売り歩く者です。江戸後期に特に人気になります。

十九文見世《じゅうくもんみせ》

日用品などを十九文均一で商う辻売でございますが、実際には十八文だったり、十二文だったりします。また、後には三十八文の店も流行《はや》りました。それでも名前は十九文見世と呼ばれます。

十七屋《じゅうしちや》

町人が使う「飛脚屋《ひきゃくや》」の俗称です。十七屋とは月の「十七夜」に掛けた洒落《しゃれ》です。十七日目の月を別名で「立待月《たちまちづき》」と申しまして、その心は「出した手紙が、たちまち着く」。そのため、日本橋の瀬戸物町に「十七屋孫平」と名乗る飛脚屋もあります。

菖蒲刀売《しょうぶかたなうり》

文化年間（一八〇四～一八一八）頃、端午《たんご》の節句の風習で、男の子のお祝いに金銀紙で派手に飾った木刀を売ります。

錠前屋《じょうまえや》

錠前の修理や販売をする者です。錠前は蔵や座敷牢、櫃《ひつ》、銭箱《ぜにばこ》などに使われます。今日のように家の戸に使われることはありません。

醤油売《しょうゆうり》

醤油を売り歩く者を申します。醤油が売られる前は、煎酒《いりざけ》という調味料が江戸の味でした。煎酒はお酒に梅干しと出汁を入れて煮詰めたものです。手間がかかり高価なので、江戸中期にその代用調味料として醤油が現れると、一気に広まりました。

定斉売《じょさいうり》

夏の暑気払《しょきばら》い薬として、庶民に広く愛用されますのが「定斉薬」です。薬箪笥《くすりだんす》の金具をカタンカタンと鳴らしながら売歩きました。暑気払いに効くというのですから、定斉売は炎天下でも笠を被りません。

白玉売《しらたまうり》

紅白の白玉を冷水に入れて商います。食べる時は砂糖をかけていただきます。これもまた、夏の風物詩のひとつでございます。

伸子屋《しんしや》

伸子とは、竹を細く削《そ》いで作った串に爪を付けたもので、反物《たんもの》に絵付けをしたり、洗張《あらいはり》をする際に布をピンと張るのに使います。

すいかんや〜すいかん

西瓜《すいか》の断売《たちうり》

「水菓子売《みずがしうり》」（百七十五頁《ページ》参照）とも申します。西瓜は江戸中期頃から、江戸の人々も食べるようになり、徐々に人気になります。

鮨屋《すしや》

鮨屋には、折詰《おりづめ》を売り歩く者と、屋台で握る商売があります。折詰のネタは小鰭《はだ》で二十四個入です。屋台は天明（一七八一〜一七八八）の頃から流行《はや》りはじめ、やがては店を構えるようになります。一貫が八文程ですので、決して安いものではございません。

「はかり炭」とも申します。炭の棒手振《ぼてふり》です。それなりの家では、酒屋や材木屋からまとめて俵炭《たわらすみ》で買いますが、長屋の庶民は炭売から少しずつ買います。炭より安いのが「炭団《たどん》」で、粉炭を固めたものです。一番安いのは、瓦屋から出る、松の焼け炭を原料にした「灰炭《はいずみ》」です。もちろん安いのは火持ちが悪く灰ばかり出ます。

炭売《すみうり》

雪駄直し《せったなお》

雪駄は草履の裏に革を張ったものですから、裏を張り替えれば長持ちします。雪駄直しは家々を廻り、その場で修繕します。

でいでい
でいでい

線香突《せんこうつき》

お線香を作る職人を申します。練った抹香《まっこう》を絞り機に入れて押し出します。細い心太《ところてん》のように押し出された線香を板に受け、乾かして完成です。

ぎゅう
ぎゅう
むにゅ〜

洗濯屋《せんたくや》

長屋の女性が手間《てま》仕事として、女手のない家や寺院などから洗濯を請け負い洗います。古くは麻などの硬い布が多かったので、足で踏洗《ふみあらい》をしましたが、江戸時代になりますと木綿が普及し、手洗いになります。洗剤には無患子《むくろじ》の皮、槐《さいかち》の実、灰汁《あく》、米のとぎ汁などを使います。

船頭《せんどう》

船頭は駕籠舁《かごかき》や馬子《まご》と違って、職人として尊敬される生業です。竿《さお》一本、艪《ろ》一丁で船を操る技術は世襲《せしゅう》されます。絵は渡船《わたしぶね》の船頭です。「渡守《わたしもり》」とも呼ばれます。江戸を網の目のように走る運河には、猪牙舟《ちょきぶね》や屋根船《やねぶね》、屋形船《やかたぶね》（納涼船《すずみぶね》）、伝馬船《てんません》、高瀬船《たかせぶね》、押送船《おしおくりぶね》、平田船《ひらたぶね》、水船《みずぶね》、湯船《ゆぶね》など様々な船が行き来しております。

足力《そくりき》

コリは万病の元

足で背中を踏み揉む按摩《あんま》ですが、座頭《ざとう》ではなく灸師のうちに入ります。両手に杖を持っているのが特徴でございます。

杣《そま》

樵《きこり》のことを申します。江戸市中には無用なようですが、なにせ江戸は世界一の庭園都市です。数千坪級の屋敷が並び、庭は草木が豊かに茂っていますので、雷が落ちたり、火事で焼けたり、腐って倒れたり……木を切り倒す必要も色々あります。

損料屋《そんりょうや》

かし蚊や
貸蚊帳十六文

今日で申しますレンタルショップですな。長屋の庶民は蚊帳《かや》や布団など季節用品をよく借ります。一番のお得意様は女郎屋《じょろうや》です。夜具をたくさん使いますから。もちろん、汚したり破損したりすると、弁償しなければなりません。その他にも、宴会用のお膳や食器、着物から仏壇などありとあらゆる物を揃えております。

大工《だいく》

誰が気が短けぇって?
もう一度いってみろぃ、
ぶっとばすぞ!

江戸は火事の多い町ですので、大工の仕事も事欠きません。職人は世襲制《せしゅうせい》ですが、弟子も取りますので、大工の子でなくとも弟子入りして技術を習得し、一本立ちできます。一人前の大工の手間賃は一日働いて、銀六匁《もんめ》目程、銭にしますと四百文くらいですから、高給取りです。

大根売《だいこんうり》

十一月頃になりますと、練馬《ねりま》の農家が馬に大根を背負わせて売りにやってまいります。この大根は主に漬け物に使われます。

大福餅売《だいふくもちうり》

大福は冬の食べ物でして、木箱には火鉢が入れてあり、いつもほかほかの大福を売ります。大福ひとつで、かじかんだ手を温め、食べて身体を温めして、その名の通り大きな福を得た心地がします。

建具師《たてぐし》

建具というのは、襖《ふすま》や障子《しょうじ》などの戸を申します。江戸の裏長屋の戸は腰板障子《こしいたしょうじ》でした。窓のない長屋で明かりを採るのは戸だけですが、下半分は雨が当たりますので板張りにしてあります。商家では防犯のために板戸が使われ、正面の戸は大戸《おおど》と呼ばれます。建具は歪みがあると使い物になりませんので、高い技術の必要な商売です。

腰板障子

足袋屋《たびや》

江戸中期まで、足袋は革製でした。元禄（一六八八～一七〇四）の頃から木綿の足袋ができ、小鉤《こはぜ》で留める形になって広く使われるようになります。他にも股《もも》引《ひき》や腹掛《はらがけ》も作ります。

玉子売《たまごうり》

鶏や家鴨《あひる》の茹玉子《ゆでたまご》を売る商売です。吉原や岡場所《おかばしょ》などによくまいります。値段は意外に高くて、ひとつ二十文します。

樽《たる》ころ

「軽子《かるこ》」とも呼ばれます。上方から船で運ばれた酒樽の積み降ろしをする人足《にんそく》を申します。七十二リットル入りの四斗《と》樽をひとりで担ぎますから相当の力持ちです。一年に上方からの下り酒が百二十万樽も運ばれ、関東一円からも十六万樽が江戸に集められました。船宿《ふなやど》や廻船問屋《かいせんどいや》に雇われています。

団子屋《だんごや》

たんご
一串四文

こちらは、辻売《つじうり》の団子屋でございます。床几《しょうぎ》の上で団子を焼いて売ります。はじめは一串に五個で五文で売られましたが、四文銭が出てからは一串四個になりました。

茶筅売《ちゃせんうり》

抹茶を点《た》てる茶筅を売る商いです。もともと京の僧侶がはじめたということで、茶筅売は千鳥や鷹の羽を染め抜いた十徳《じっとく》を着て、僧侶の格好で売り歩きます。

てんづんづらんとたたからつるには瓢ならてはおおせらし……御用ならば一本が六文

仲條流《ちゅうじょうりゅう》

薬 堕胎千文
入院一両三分

「なかじょうりゅう」とも読みます。婦人科医の草分け、仲條帯刀《たてわき》から産科医のことをこう申します。主に堕胎《だたい》をする医者で、女医が多くおります。医院には出入り口が複数あり、人目を忍んで来る客に配慮しております。お客は裕福な町人の奥さんやお嬢さん、屋敷勤めの御女中などです。あまりに安易に堕胎をすることが増え、天保十三年（一八四二）に幕府に厳しく規制されます。

蝶々売《ちょうちょううり》

一匹四文

和紙で作った蝶々の玩具を売る商売でございます。蝶々は細い竹籤《たけひご》で筆軸のような竹筒に付けてあり、ゆらゆらと揺れます。

賃粉切《ちんこきり》

莨売《たばこうり》でも、葉莨を担いで売り歩き、注文があると、その場で煙管《きせる》用に細かく切って売る商いを申します。

柄巻師《つかまきし》

刀の柄巻をする職人です。柄には、鮫《さめ》の皮が下地に張られ、その上から柄紐《つかひも》を巻いて仕上げます。男性は身分によって身なりが厳しく決められ、特に武士は贅《ぜい》沢《たく》は禁止されていますので、柄の巻き方や、鮫皮の粒の大きさなど、小さなところに凝ります。

辻講釈《つじこうしゃく》

通りに葦簀《よしず》で囲いを作り、演台を置いて、岩見重太郎《いわみじゅうたろう》や宮本武蔵《みやもとむさし》などの軍記ものを語って聞かせます。講釈ですので解説をしながら語りますが、中には下品な笑いだけのものもあります。

辻八卦《つじはっけ》

「辻占《つじうらない》」のことを申します。様々な占い方法があり、今日と同じように辻に机と行灯《あんどん》を出して商売する者もあれば、絵のように提灯を背に差して流して客を取る者もおります。

手遊屋《てあそびや》

「持遊売《もちあそびうり》」とも申しまして、手に持って遊ぶ玩具を売る者を申します。持遊に「お」を付けて「おもちゃ」という言葉が生まれました。

カタ
カタ
カタ

田楽屋《でんがくや》

豆腐に味噌を塗って焼いたものです。木芽《きのめ》、海胆《うに》、鶏卵など色々な味があります。江戸時代の豆腐は今日のものよりずっとしっかりしたもので、団子ほどに食べ応えがあります。江戸では一本串に赤味噌、京では二本串に白味噌です。

おいしそうだねぇ

天麩羅《てんぷら》

「胡麻揚《ごまあげ》」とも申します。これも握《にぎ》り鮨《すし》同様に江戸後期に生まれた食べ物で、はじめは屋台で商われました。京の天麩羅ははんぺんの揚物ですが、江戸では衣を付けた白魚《しらうお》、鱚《きす》、鯊《はぜ》、穴子、海老、貝、烏賊《いか》、蛸《たこ》などでございます。「種七分に腕三分」といわれまして、ネタの新鮮さが重要です。右手の親子は浴衣《ゆかた》に下駄履きですので、湯屋の帰りでしょう。左の手拭《てぬぐい》を被っているのは武士です。

唐人飴《とうじんあめ》

唐人風の服装をして、子供相手に飴を売る商売を申します。チャルメラを吹いて子供らを集めまして、飴を買ってくれると、人形と一緒におかしな踊りを披露します。踊りは出鱈目《でたらめ》です。

灯心売《とうしんうり》

行灯《あんどん》などの芯を売る商売でございます。材料は灯心草から作った白い繊維や糸綿をよって作られています。

豆腐屋《とうふや》

「江戸三白《えどさんぱく》」と申しまして、白米・大根と並んで豆腐は江戸っ子の好物でございます。大きさは今日の豆腐の四倍はあり、ぎゅっと詰まった固いものですので、一丁食べるとお腹いっぱいになります。はじめの頃、江戸豆腐には紅葉《もみじ》の印がいれられておりました。紅葉《こうよう》に掛けて「買《こ》うよう」という洒落《しゃれ》です。豆腐屋の多くは旦那が棒手振《ぼてふり》で売り歩き、女房が店売りをします。

十八五文《とおはちごもん》

十八粒の丸薬を五文で売る薬売を申します。文化文政（一八〇四〜一八三〇）の頃に流行《はや》る安い万能薬《ばんのうやく》です。万能薬ですんで、何にでも効くという触れ込みですが、効くか効かないかは信じるか信じないに等しいものでございます。

研屋《とぎや》

刀剣を研ぐ職人を申します。もちろん、お客のほとんどが武士です。大きな砥石《といし》を使って、ただ鋭く研ぐのではなく、刀の個性を磨き出します。「研師《とぎし》」と申しますと、包丁や鋏《はさみ》などの日用品を研ぐ商売を申しまして、こちらは棒手振《ぼてふり》もおります。

心太売《ところてんうり》

江戸では酢醤油で食べると思われがちですが、きな粉や砂糖、辛子、七味など様々な食べ方がございます。天保（一八三〇～一八四四）の頃には、夏だけでなく春にも商売をするようになりました。

とっかえべえ

古鉄と飴《あめ》を交換する商売を申します。もともとは、お寺の鐘を勧進《かんじん》するための鉄集めでしたが、後に商売となります。

鳶《とび》

「仕事師《しごとし》」とも呼ばれます。町火消衆のことを申します。鳶の親方が手配する、建築や土木、町の飾りに溝《どぶ》さらいといった仕事をしています。だぼだぼのパッチに袢《はん》纏《てん》、肩に手拭《てぬぐい》というのがトレードマークです。

なんでもあっしにまかせなっ!

取揚婆《とりあげばば》

江戸っ子は「とりゃげばば」と呼び「洗母《とりあげうば》」ともいいます。お産婆《さんば》さんのことです。お産は坐産《ざさん》で、へその緒は土器《かわらけ》に挟み、竹刀で切ります。

鳥屋《とりや》

こちらは「飼い鳥屋」とも申しまして、ペットとしての小鳥を売る店です。鶏肉屋は「〆鳥屋《しめどりや》」と呼ばれます。鳥屋も〆鳥屋も江戸市中に十軒までと決められております。鶯《うぐいす》は鳴き声を愛《め》でますが、その糞は女性の美顔料としても使われ、「鳥糞買《とりのくそかい》」という専門の買取業者もおります。

菜売《なうり》

江戸近郊の農家が行商で小松菜やつまみ菜などを売り歩くものです。

あおな、こなこな

苗売《なえうり》

茄子《なす》や豆など野菜の苗を売る商売を申します。武家では庭に菜園を作っていますので、苗の需要があります。

中売《なかうり》

一個四文

「中」とは芝居の休憩時間のことで、芝居小屋で幕間《まくあい》に菓子を売り歩く者を申します。箱に入っているのは「編笠餅《あみがさもち》」と呼ばれる白餡《しろあん》を挟んだ三色の菓子です。

納豆売《なっとううり》

なと、なっ
とう、なっとう

一個三文

江戸中期まで、納豆は冬の食べ物で、みじん切りにした納豆に菜、豆腐を混ぜた「叩納豆《たたきなっとう》」が好まれます。叩納豆は汁に入れていただきます。後には夏の土用の頃に売りはじめる粒納豆《つぶなっとう》に変わります。納豆売は浅蜊売《あさりうり》などに先を越されないように夜明け前から町々を廻ります。

七色唐辛子売《なないろとうがらしうり》

とんとん、
とんがらし……

大きな赤い唐辛子の張子《はりこ》を持って、唐辛子を売り歩きます。雇い主は内藤新宿《ないとうしんじゅく》の名店・八ツ房などの唐辛子屋です。

煮売家《にうりや》

おかず屋ではなく、居酒屋のような酒とつまみを飲み食いさせる店を申します。看板の代わりに魚の頭や蛸《たこ》などを軒先や入口に吊す店が多いので、女《おな》子《ご》は寄り付きません。

塗師《ぬし》

「塗物師《ぬりものし》」とも呼ばれます。漆《うるし》を塗る職人を申します。器や盆、膳、あらゆる物を漆で仕上げます。「蒔絵師《まきえし》」など漆で飾りを施す職人も塗師のひとつです。一粒の埃が入っても台無しになりますので、紙帳《しちょう》の中で仕事をします。

猫《ねこ》の蚤取《のみとり》

飼い猫の蚤を駆除する商売です。猫を湯浴《ゆあ》みさせ、そこへ毛皮を被せて、居心地の良さそうな毛皮に蚤を移そうという仕掛けですが……。

迷惑だにゃ〜

鼠取薬売《ねずみとりのくすりうり》

幟《のぼり》を担いで、貧しそうな格好で、鼠を駆除する薬を売り歩きます。駆除薬は銀山から採れる匕素を使うので「岩見《いわみ》銀山《ぎんざん》」とも呼ばれます。

岩見
銀山
鼡とり
いたずらものはいないかな〜

糊売《のりうり》

姫糊買わねぇか?

洗張《あらいはり》などに使う洗濯糊を売る商売でございます。ほとんどは老婆が売っています。材料は柔らかく煮た米を練ったもので「姫糊《ひめのり》」と呼ばれます。

灰買《はいかい》

竈《かまど》の灰を買い集める商売を申します。灰は問屋に集められ、染めや製糸業者に売られます。その他、肥料としてもリサイクルされます。

梯子売《はしごうり》

一丁二百文

梯子を担いで売る商売です。そうそう梯子は売れないので、あまりいい商売ではございません。

旅籠屋《はたごや》

宿屋《やどや》を申します。宿場《しゅくば》では大名などの高貴な方は「本陣《ほんじん》」と呼ばれる格式のある建物に泊まり、その家臣たちは「脇本陣《わきほんじん》」や「家老宿《かろうやど》」に泊まります。本陣は偉い人しか泊まれませんが、その他は空いていれば庶民も泊まれます。

　旅人は、夜明け前に出発して、日暮れ前には宿に入ります。到着すると、まずは足を洗ってくれ、それから風呂に入りまして、食事をとってくつろぎます。食事は魚などの皿ものに、卵や菜料理などの椀もの、そして汁とご飯が一般的です。料金は一泊百五十文くらいします。お金のない方は「木賃宿《きちんやど》」という、薪《まき》代程度の安い宿に泊まります。こちらは食事も風呂も付きませんが、値段は三十文くらいでございます。

上方の風呂(五右衛門《ごえもん》風呂)

食事(本膳《ほんぜん》)

歯磨売《はみがきうり》

ばいこうさん、
くすりはみがき〜

歯磨粉を売る商売を申しますが、江戸後期には売り子が、百眼《ひゃくまなこ》という仮装面を付けて売るのがとても人気になります。歯磨き粉の材料は細かい砂に薄荷《はっか》や塩などを混ぜたものです。

早桶屋《はやおけや》

早桶
逆さ屏風
案《あん》

「棺桶屋《かんおけや》」のことでございます。「輿屋《こしや》」「西方屋《さいほうや》」とも呼ばれます。輿というのは棺桶を運ぶ台です。葬儀には、桶などの一式と担ぎ手ふたりで、だいたい一分《ぶ》（千文）くらいかかります。

針屋《はりや》

売り歩くのは縫針です。下級武士が内職で作り、京の御簾屋《みすや》のものが品が良いと好まれています。針は様々な職業や用途に向けて豊富に種類があります。御屋敷の奥に勤める御物師《おものし》が使う針は、工夫がしてあり、着物に縫い込んだり、落としたりした場合にすぐに持ち主が分かるようになっています。

半襟屋《はんえりや》

江戸の女性は半襟のお洒落《しゃれ》が大好きでございます。三井越後屋などでも切り売りをしてくれますが、半襟屋では専用のサイズで様々な柄や生地を売っております。

火打鎌売《ひうちがまうり》

家
本

火打鎌は火打ち石を打ち付け、火種を飛ばす道具を申します。作られたのは寛政（一七八九～一八〇一）の頃で、りゅうという名の女鍛冶《おんなかじ》が作ったのがはじまりです。

稗蒔売《ひえまきうり》

「稗蒔」という箱庭盆栽を売る商売を申します。稗の芽を緑の田にみせ、その中に農家や鶴、案山子《かかし》の置物などを並べ愛《め》でる初夏の風物詩です。

ひえまきや～
ひえまき

仏師屋《ぶっしや》

仏像を彫る職人を申します。一尺（約三十センチ）以上の大きな仏像を彫るのを「大仏師」、それ以下の者を「小仏師」、弟子は「削師《そぎし》」と呼ばれます。その他に仏像を彫る僧侶も「仏師」と呼ばれます。

船宿《ふなやど》

「船溜《ふなだま》り」の意味で、旅籠《はたご》ではございません。猪牙舟《ちょきぶね》や屋《や》形船《かたぶね》などの待合場所で、待つ間に一杯飲ませたり、座敷で出前をとることもできますので、しだいに密会にも使われるようになりました。特に江戸中期以降には、吉原へ猪牙舟で行くのが流行《はや》り、洒落《しゃれ》者や身分のある方が使う高級な店も現れます。遊女上がりのお妾《めかけ》さんが店を持つことも多いそうです。

麩屋《ふや》

お麩を作り、売る者を申します。大きな桶《おけ》に小麦粉と水、それに塩を加えて、踏んで踏んで、さらに踏んで作ります。

古着屋《ふるぎや》

古着屋は神田《かんだ》の柳原《やなぎわら》土手《どて》や浅草などに軒を連ねております。布というのは高価ですので、長屋の庶民が買う服はほとんどが古着です。古着は「古手《ふるて》」とも「正《まさ》宗《むね》」とも申します。店は「床店《とこみせ》」と呼ばれる小さなもので、一般の店と違い、店の者は店に住まず、通いで商売をいたします。

紅屋《べにや》

口紅を作って売る化粧品屋でございます。「寒紅《かんべに》」とは、寒中の丑《うし》の日に売り出します、一年で最も品質が良いといわれる紅です。紅の花から作ったものを小皿や貝殻に薄く塗って売ります。

箒売《ほうきうり》

棕櫚《しゅろ》の箒を売る者を申します。古いものを下取りし、束子《たわし》などの材料に再利用します。箒売の中には、中間《ちゅうげん》が内職で作ったものを押し売りする者もあります

放生屋《ほうじょうや》

放すための亀や鰻《うなぎ》の稚魚、小鳥などを売る商売です。生き物を買って放すことで、功徳《くどく》が得られるという仏教の教えに乗っかった商売です。絵は行商の「放し鳥売」で、雀《すずめ》を売っています。橋の管理をする橋番《はしばん》が売る亀は、放しても夜には帰って来るとか来ないとか……。

棒屋《ぼうや》

門番などが使います「六尺棒《ろくしゃくぼう》」や「短杖《たんじょう》」、人足が使う「息杖《いきづえ》」などを作ります。材料は樫《かし》、黄楊《つげ》、山桐《やまぎり》などで、火で炙《あぶ》りながら真っ直ぐに矯《た》めて作ります。

焙烙売《ほうろくうり》

「土器売《かわらけうり》」とも申します。素焼きの平たい器や土鍋などを売ります。茶葉や銀杏《ぎんなん》を煎《い》ったり、焼き物などに使います。

蒔絵師《まきえし》

「塗師《ぬし》」が漆で仕上げた器、箱、家具、馬具などに、金粉や銀粉で絵を入れる職人を申します。埃《ほこり》が入らないように紙帳《しちょう》の中で仕事をします。

薪屋《まきや》

竈《かまど》で使う薪を売る商売です。江戸時代の都市は、世界的にみても燃料消費による森の代採で自然破壊を起こさない、地球にやさしい都市です。

曲物屋《まげものや》

「檜物師《ひものし》」とも申します。杉や檜《ひのき》の板を筒状に曲げて桜や樺《かば》の皮でとじ合わせ、弁当箱や盆・桶《おけ》、櫃《ひつ》、三方《さんぼう》などを作ります。

纏師《まといし》

火消の振る纏を作る職人を申します。纏は桐の板に和紙を貼り、耐火性のある胡粉《ごふん》を塗って作ります。纏に付ける馬簾《ばれん》（リボン状のもの）は飾りではなく、降りかかる火の粉から纏持《まといもち》を守るためのものです。

廻髪結《まわりがみゆい》

御屋敷や大店《おおだな》に出張して髪を結う商売を申します。月極契約で朝から一日その家の男性の髪を結います。朝の身支度の時間から仕事をして、一カ所で数十人結うことも普通です。一日中お客の家で仕事をしますので、食事を出してもらうことを「あご付き」と申します。

萬歳《まんざい》

「三河萬歳《みかわまんざい》」とも申します。お正月の門《かど》付《づけ》商売で、三河からやってまいります。お得意の町家やお屋敷を廻り、烏帽子《えぼし》に大紋《だいもん》（七十三頁《ページ》参照）を着た太夫《たゆう》と、才《さい》蔵《ぞう》と呼ばれるボケ担当のふたりで、鼓《つづみ》に合わせて春の祝いや下ネタを謡い、笑わせます。

御酒《みき》の口売《くちうり》

神棚に供える徳利の飾りを売る商売を申します。和紙を金色に染めたもので、師走《しわす》に行商にやってきます。

水売《みずうり》

「冷や水売」とも申します。井戸水や、砂糖水を売ります。簡単に氷が手に入らない時代、夏の炎天下での商売ですので、冷たいといってもしれていますが。他に白玉《しらたま》や心太《ところてん》を一緒に売る者もおります。

ひゃっこい
ひゃっこい
一杯四文

水《みず》菓《が》子《し》売《うり》

菓子というのはもともと果物のことを申しまして、その中でも水菓子と呼ばれるのは、桃、梨、西瓜《すいか》など水分がたっぷりあって、暑い季節に美味しい果物を申します。「西瓜の断売《たちうり》」（百四十八頁《ページ》参照）も水菓子売のひとつです。

水《みず》茶《ぢゃ》屋《や》

「並び茶屋」とも呼ばれ、寺社の境内や路傍にあります、葦簀《よしず》張りの茶屋を申します。葦簀張りでも雨の心配はありません。何せ晴れた日の昼間の商売ですから。酒はなく看板娘が売りです。娘を目当てに通う客も多く、気に入った娘には、四文の茶の代金に百文の心付けを払ったり、高価な生地で仕立てた前掛などを贈ったりします。江戸後期には市中に二万軒以上の水茶屋が繁盛いたします。

耳垢取《みみあかとり》

江戸前期におりました耳掃除をする者を申します。唐人《とうじん》や阿《オ》蘭陀《ランダ》人風の身なりをして、町を歩きながら客を探します。

麦湯店《むぎゆみせ》

「水茶屋」の一種で、麦茶を飲ませる店でございます。江戸後期にはみなさん宵《よい》っ張《ば》りになり、特に暑い夜は川原などに涼みに出ます。そんな夏の夜歩き客を目当てにした商いです。

虫売《むしうり》

一四一文

秋の虫を売る商売を申します。六月からお盆の前まで、蟋蟀《こおろぎ》、松虫の他にも、蛍《ほたる》、玉虫、蜩《ひぐらし》などもありまして、精巧な虫籠《むしかご》に入れて売ります。

眼鏡屋《めがねや》

若年、中年、老年用の三種類の眼鏡を売っています。古い眼鏡を下取りしたり、修理もいたします。レンズはビードロ（ガラス）か水晶で作られております。掛け方は、紐で耳に掛けるか、こめかみを挟んで押さえる形式です。

江戸後期には近眼用の眼鏡も作られます。

女筆指南《めひつしなん》

女子《おなご》に読み書きを教える「指南《しなん》所《じょ》」です。女性らしい手紙の書き方や、文字を教えるところで、師匠も女性でございます。

気持ちを込めて
はねるのよ

文字焼屋《もじやきや》

江戸名物、もんじゃ焼の元でございます。うどん粉に蜜を入れて水で溶いたものを、柄杓《ひしゃく》ですくって細く垂らし焼きます。亀や鯛《たい》の形に焼いたものが人気です。

おいらも鯛
焼いておくれ

元結扱《もとゆいこき》

「元結」は束ねた髪を縛る紙紐《かみひも》を申します。贈答用の熨斗袋《のしぶくろ》に結ぶ水引《みずひき》と同じで、和紙をよって作ります。色は白か黒です。

木綿売《もめんうり》

「高荷の木綿売」とも呼ばれまして、江戸中期に盛んに商われました。売っているのは晒木綿《さらしもめん》です。小箪笥《こだんす》を背負い、その上に木綿生地を高々と積み上げて売り歩きました。その高さは七尺～一丈（約二・一～三メートル）もあったといわれます。御屋敷への出入りは潜戸《くぐりど》を使いますから大変です。

焼芋屋《やきいもや》

江戸後期から人気となりました、薩摩芋を焙烙《ほうろく》で蒸したものを売る商いです。看板に「八里半《はちりはん》」「十三里《じゅうさんり》」などと書かれていますのは、栗を「九里《くり》」にいい換えて「栗に近い旨さ」と、九里＋四里で十三＝「栗より旨い」という洒落《しゃれ》でございます。こういう謎解きが乙《おつ》ですな。なんでもわかりやすければいいってもんじゃありません。

焼継師《やきつぎし》

日用の瀬戸物を修理する職人を申します。ガラスと鉛を混ぜた白玉粉《しらたまこ》という接着剤で割れた食器を組み直し、焼きを入れて修理します。高級な食器は金と漆で接着します。こちらは「金継《きんつぎ》」と申します。食器は高価ですから割ると叱られます。おっちょこちょいの救世主でございますな。

湯屋《ゆや》

上方では「風呂屋《ふろ》」と呼びます。江戸中期まではほとんどが混浴でしたが、浴衣《ゆかた》や湯文字《ゆもじ》（腰巻き）、湯褌《ゆふんどし》を着けて入りました。後期には男女別となります。中には女性専用の湯屋もございます。しかし、薪《まき》代や水代が高いので、女性の多い町以外では、なかなか男女別湯はありませんで、混浴か時間や日にちを分けて使います。湯屋の二階は男性のくつろぎ場になっていて、お茶や軽食も取れます。

また、大火事や災害が起こりますと、被災者や復興に従事する人々に無料開放されます。

楊枝屋《ようじや》

旦那。今日も
素敵な歯ね♡

「五倍子店《ふしみせ》」とも呼ばれます。五倍子とはお歯黒の染料でございます。楊枝は歯ブラシのことで、その他に歯磨粉も売っております。浅草に床店《とこみせ》が並び、看板娘が売っておりまして、たいそうな人気でございます。

羅宇屋《らおや》

らおや〜
らお、らお〜
らうや

「らうや」とも読みます。煙管《きせる》の真ん中の管のことで、羅宇屋は煙管の修理や掃除、羅宇の交換をする商売です。材料を背負って家々を廻って商いします。江戸の人々は男女を問わず煙草好きです。

両替屋《りょうかえや》

かん
かん♪

金と銀の交換をするのが「本両替《ほんりょうがえ》」で、主に商品の決算に用います。また、包金《つつみきん》銀《ぎん》にまとめたり、証文や紙幣も扱いました。武家への多額の貸付けが焦げ付いて、江戸後期には没落します。

「脇両替《わきりょうがえ》」は金銀と銭の両替をする店で、庶民が日常に使う店です。橋の袂《たもと》など、露天で商売する者もおります。

江《え》戸《ど》三《さん》火《び》消《けし》

「火事と喧嘩は江戸の華《はな》」なんてことを申しますように、江戸は火事の多い都市でございます。毎日どこかで火事があり、年に一、二度は数十町を焼く大火が起こりますので、幕府も様々な火消を組織してその対応にあたります。そのため、火消の名前だけでも「奉書火消《ほうしょひけし》」「所々火消《しょしょひけし》」「方角火消《ほうがくひけし》」「増火消《ましひけし》」「近所火消《きんじょひけし》」「八《はっ》丁《ちょう》火消《ひけし》」「定火消《じょうひけし》」「十人《じゅうにん》火消」「各自火消《かくじひけし》」「町火消」「店火消」「駆付《かけつけ》火消」「橋火消」と色々ございます。ここではその中でも「江戸三火消」と呼ばれます、「町火消」「定火消」「大名火消」をご紹介します。

描きましたのは主に「纏《まとい》」と「火消装束《ひけししょうぞく》」ですが、似たような名前に「火事装束《かじしょうぞく》」というのがあります。こちらは火消の衣装ではなくて、大名やその家族の着る避難用の衣装でございます。そのためにひときわ目立つよう、派手に作られております。

火消《ひけし》

江戸は火事の多いことで有名ですが、消火方法はと申しますと……桶《おけ》に水を汲み、皆で火にかけて……ではなく、方法はございません。出火した家の周りの建物を壊して、燃えるものをなくし、延焼《えんしょう》を防ぐだけです。これを「破壊消防《はかいしょうぼう》」と申します。

火事場に駆けつけた火消の頭《かしら》は、風の方向や火の勢いを見定め、「どの方位の家をどれだけ壊すか」を決めます。その場所を「消《け》し口《ぐち》」と申します。そして、ここで消し止める！　という場所に纏《まとい》を上げさせます。町火消ですと、一番最初に上がるのは、その町の火消で、後に他の町から火消が到着します。すると、先にいた纏持は場所を譲り、次々に応援に来た組の纏が上がります。庶民もそれをみて頼もしく思うわけです。と、いつも仲良くいくといいのですが、消し口では度々場所を争う喧嘩が起こります。纏の上がった場所には消火後に組名を書いた「消し札」が付けられます。消し札は火消の名誉でもあり、それによって褒賞《ほうしょう》もいただけるものですから。

住人たちも大変です。風向きによっては家財道具を持って逃げなければなりません。火消が鳴らす半鐘《はんしょう》で火事場との距離がだいたいわかります。危険が近づくと火事の状況をふれ廻る者が出ます。また、地図に延焼予想《えんしょうよそう》を朱塗《しゅぬ》りした瓦版《かわらばん》もすぐに売られます。危険のない町の者は、知人や付き合いのある店が被災しないかをそれで確認します。危ないと思ったら、駆けつけて避難の手伝いをしなければなりません。鎮火後には寺院や「御救い小屋（避難所）」で住民の救済が行われます。

ところで、「いろは四十八組」をみてみますと、「い」と「ゐ《うい》」、「え」と「ゑ《うえ》」、「お」と「を《うお》」という文字が使われております。鎌倉時代には「発音の区別がなくなった」とされますが、火消の組名に使うくらいですから、どうも江戸の人ははっきり区別していたと考えられます。でないと火事場で混乱します。

町火消《まちひけし》と火消道具《ひけしどうぐ》

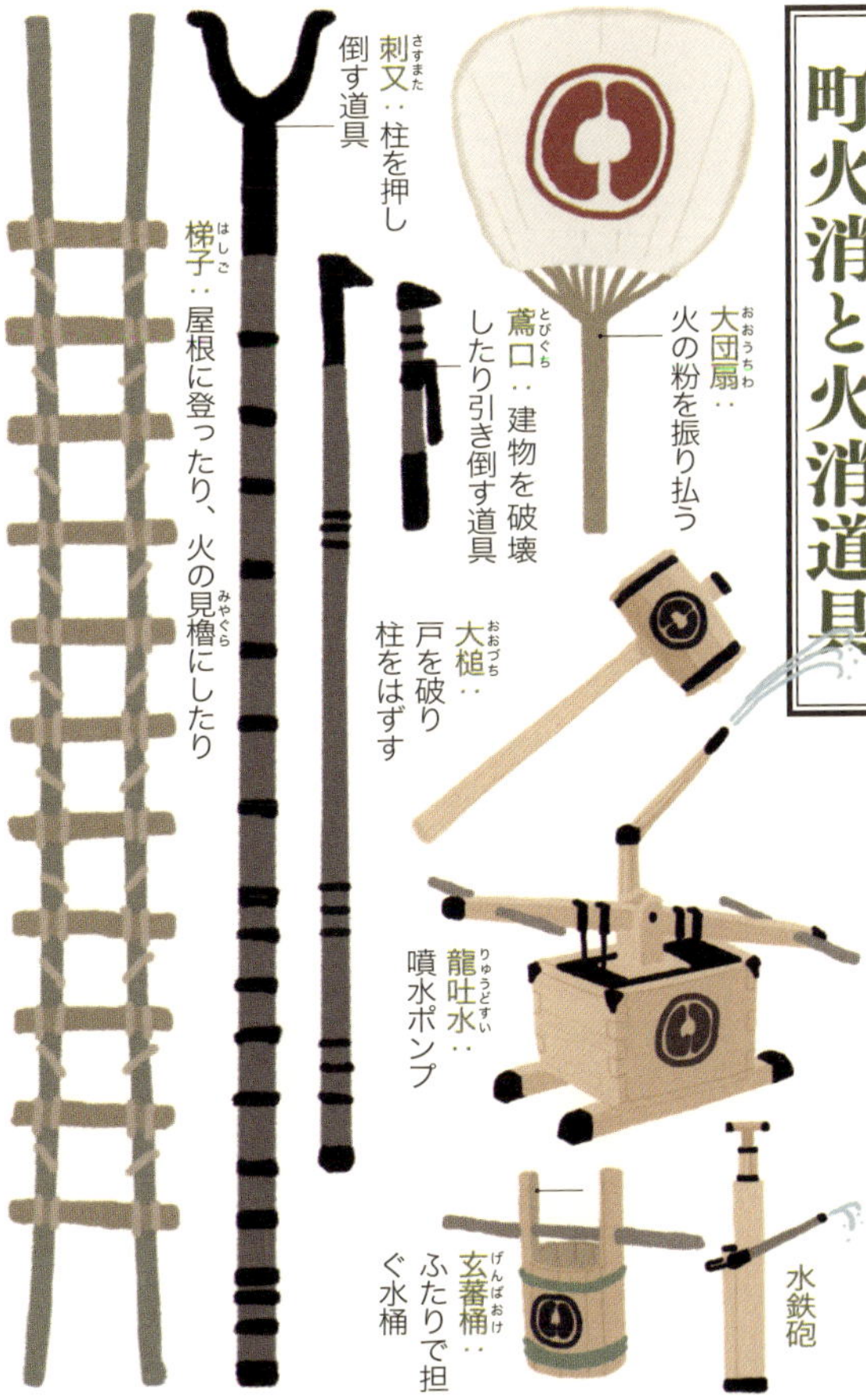

町火消は明暦の大火で、大きな被害が出た後、享保三年（一七一八）に大岡越前守忠相《おおおかえちぜんのかみただすけ》によって創設された庶民の火消です。当初はいろは四十七組でしたが、後に本組を加えて四十八組になり、大《おお》川《かわ》（隅田川）の向河岸《むこうがし》、本所《ほんじょ》、深川《ふかがわ》の十六組を加え、六十四組と増やされました。次の頁《ページ》は嘉永四年（一八五一）頃の配置図です。

　これらの火消道具は全ての火消に共通のものです。「龍吐水《りゅうどすい》」は平賀源内《ひらがげんない》が発明したといわれる噴水ポンプですが、消火用ではなく、飛び火を防いだり、火消衆に水をかけるのに使われました。

町火消配置図《まちびけしはいちず》

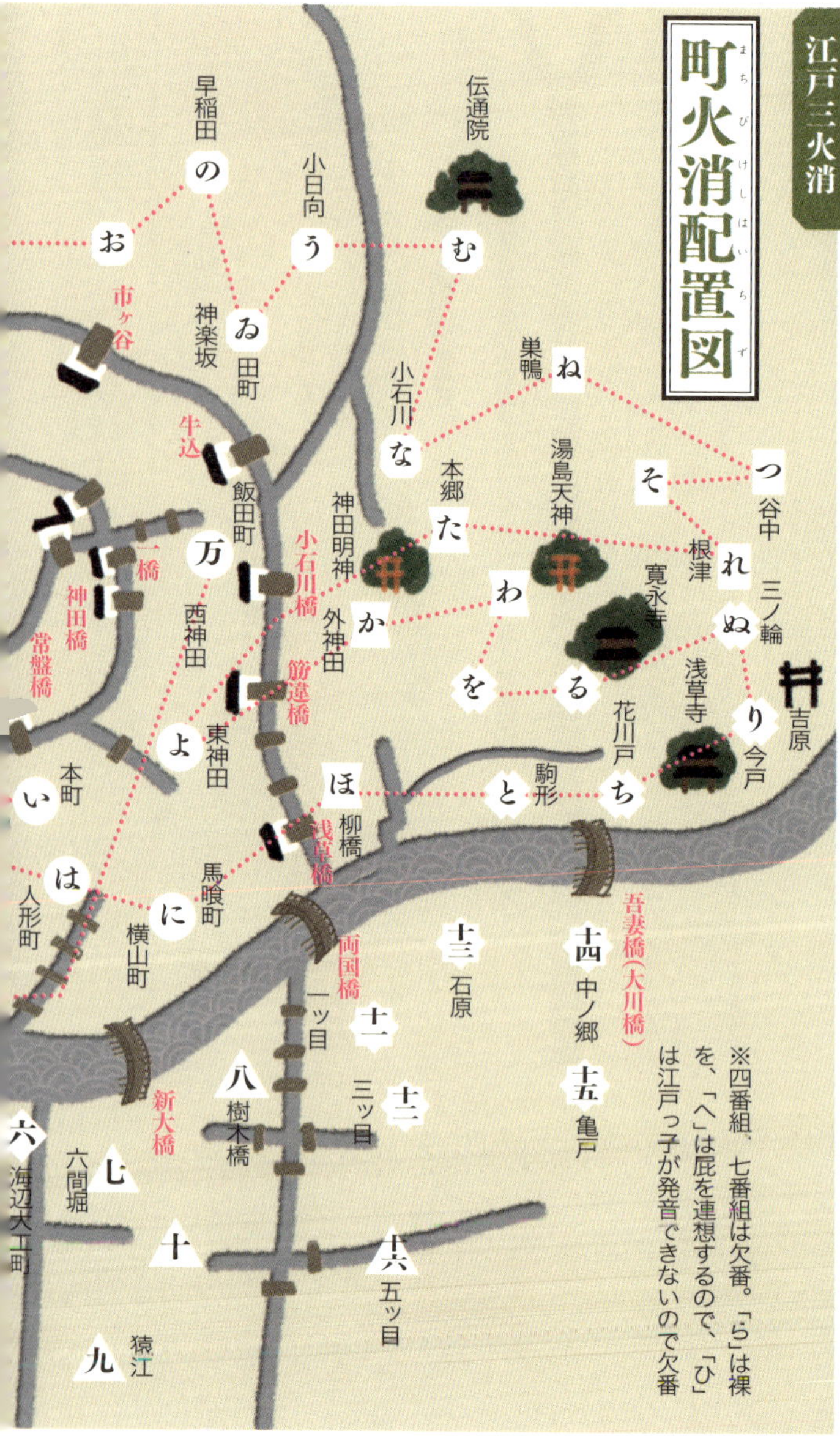

※四番組、七番組は欠番。「ら」は裸を、「へ」は屁を連想するので、「ひ」は江戸っ子が発音できないので欠番

広尾
白金長峰
て
麻布
こ
渋谷
青山
ふ
鮫ヶ橋
け
氷川神社
伝馬町
く
あ
古川
江
龍土
四谷
ま
赤坂
き
や
さ
し
山王神社
三田
二本榎
本
増上寺
ゑ
虎ノ門
神明神社
御城
み
金杉橋
め
呉服橋
数寄屋橋
ゆ
も
高輪
田町
銀座
日本橋通
せ
ろ
浜御殿
す
八丁堀
百
茅場町
小網町
湊町
千
霊岸島
三
坂町
永代橋
八番組
六番組
五番組
三番組
二番組
一番組
仲町
二
四
五
北組
中組
南組
十番組
九番組
平野町
扇橋
木場
一

町《まち》火《び》消《けし》六十四組

一番組

い組

本町、本石町、室町、小田原町、本銀町、本両替町、本材木町、本舟町、駿河町、瀬戸物町、伊勢町、安針町、萬町、青物町、通一丁目、呉服町、岩付町、西川岸町。
人足数：四百九十六人

一番組・世話役袢纏

一番組・頭取《とうどり》袢纏《ばんてん》
各組鏡白紋に箱一
各組同じ

一番組・道具持《どうぐもち》袢纏：
箱一棒一。各組同じ

纏《まとい》：芥子《けし》に枡《ます》（「消します」の洒落）

組頭《くみがしら》袢纏：
芥子枡つなぎ

人足《にんそく》袢纏
（鳶が着る袢纏）：
瓦つなぎ

よ組

鎌倉町、永富町、鍛冶町、竪大工町、白壁町、須田町、鍋町、紺屋町、小柳町、平永町、三河町。
人足数：七百二十人

纏：田の字三方

組頭袢纏：
田つなぎ

人足袢纏：
大田の字

は組

大伝馬町、亀井町、難波町、堺町、小網町、小船町、油町、堀江町、小伝馬町、鉄砲町、高砂町、富沢町、長谷川町。人足数：五百九十二人

人足袢纏：総車

組頭袢纏：車つなぎ

纏：違い重ね源氏車

に組

通塩町、横山町、馬喰町、村松町、橘町、米沢籠町、豊島町、久右衛門町、橋本町、吉川町、柳原町、同朋町。人足数：三百九十人

纏：雷鳥帽子に持合い太二つ輪三方

組頭袢纏：厚輪つなぎ

人足袢纏：松皮菱雪

万組

元飯田町辺、等五町。人足数：四十八人

組頭袢纏：箱一棒一

纏：菊花に籠目逆さ瓢箪《ひょうたん》三方

人足袢纏：籠目に朱「飯」（飯田町）

二番組

二番組・世話役袢纏

二番組・頭取袢纏：各組紋に二つ算木くずし
各組同じ

ろ組

元大工町、佐内町、平松町、上槇町、下槇町、箔屋町、新右衛門町。人足数：二百四十九人

二番組・道具持袢纏：二つ算木くずし
各組同じ

纏：鈎《かぎ》に駒三方

組頭袢纏：二つ算木くずし

人足袢纏：亀呂つなぎ

せ組

炭町、南槇町、南大工町、鈴木町辺、人鋸町、南伝馬町辺、五郎兵衛町、桶町。
人足数：二百八十一人

纏：笠に駒三方

組頭袢纏：二つ算木くずし

人足袢纏：瓦つなぎ

も組

南紺屋町辺、銀座町辺、三十間堀辺、丸屋町辺、数寄屋町、西紺屋町。人足数：百八人

纏：分銅にもの字三方

組頭袢纏

二つ算木くずし

二筋立釘抜つなぎ

人足袢纏

釘抜つなぎ

(正面)

め組

纏：鼓胴《こどう》籠にめの字

桜田久保町、兼房町、二葉町、源助町、露月町、神明町、増上寺中門前辺、浜松町、芝口辺。人足数：二百三十九人

す組

南小田原町辺、舟松町、本湊町辺、木挽町辺、南八丁堀辺。人足数：百五十九人

人足袢纏：瓦つなぎ

組頭袢纏：二つ算木くずし

纏：籠目駒にすの字三方

百組

南茅場町、南八丁堀、東八町堀、日比谷、亀島町、神田塗師町。人足数：百四十一人

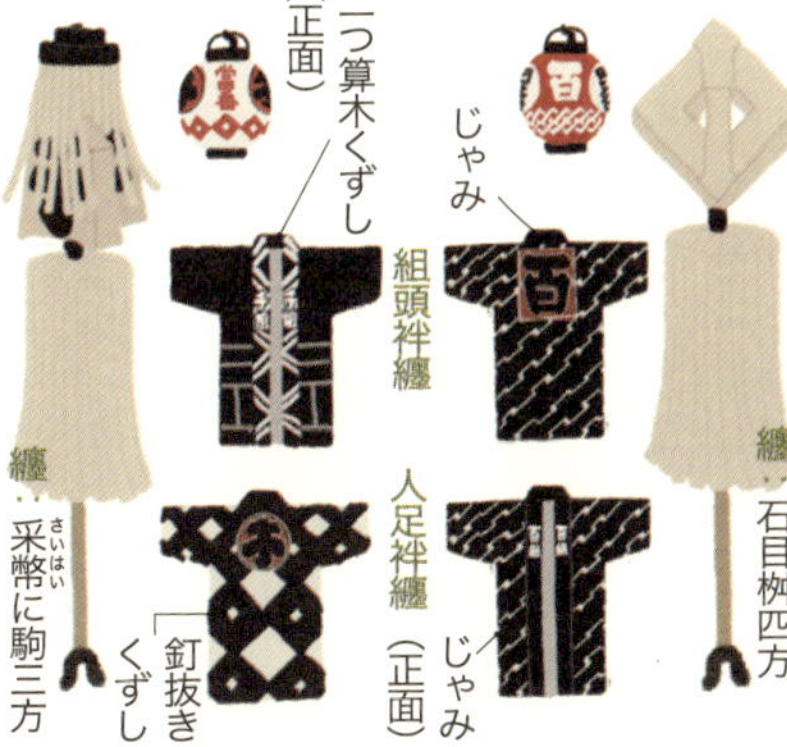

纏：石目桝《ます》四方

じゃみ

組頭袢纏

二つ算木くずし(正面)

人足袢纏

じゃみ(正面)

釘抜きくずし

纏：采幣《さいはい》に駒三方

千組

箱崎町、南新堀町、北新堀町、南銀町、東湊町、霊厳島辺。人足数：百九十七人

三番組

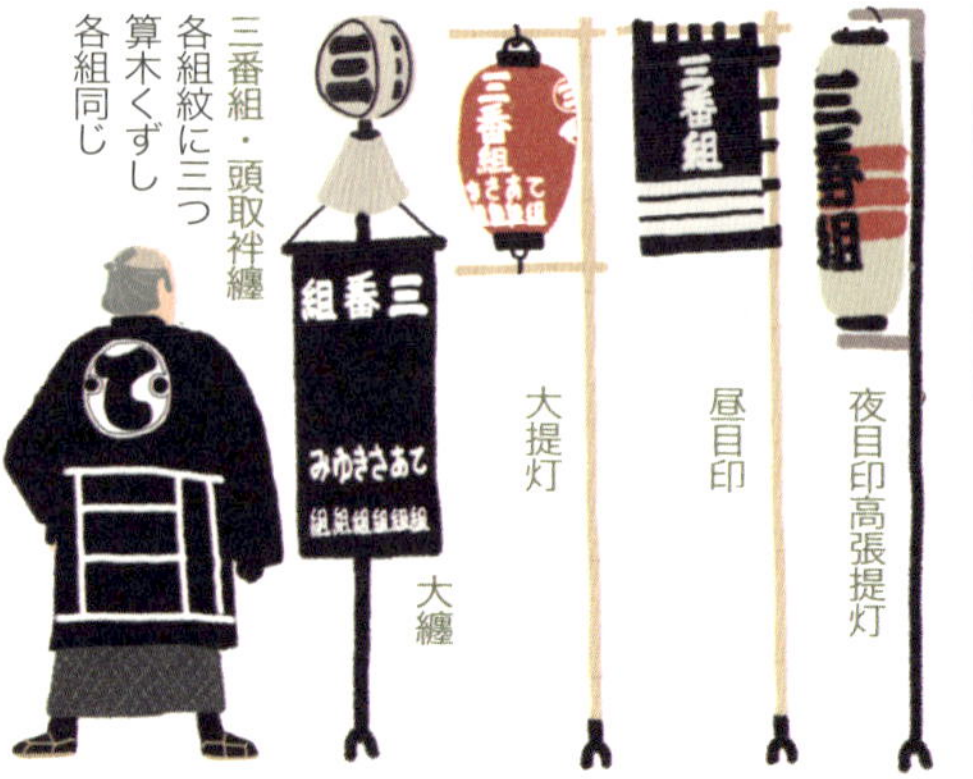

夜目印高張提灯

昼目印

大提灯

大纏

三番組・頭取袢纏：各組紋に三つ算木くずし　各組同じ

て組

白金台一〜十一丁目、永峰町辺、目黒辺、寺社門前共。

人足数：百十七人

三番組・道具持袢纏：三つ算木くずし　各組同じ

纏：分銅釘抜き違い重ね

組頭袢纏：三つ算木くずし

人足袢纏：違い分銅釘抜きつなぎ

あ組

芝田町、久保町辺、麻生古川町、一本松町、木村本町、竜土町。

人足数：百十七人

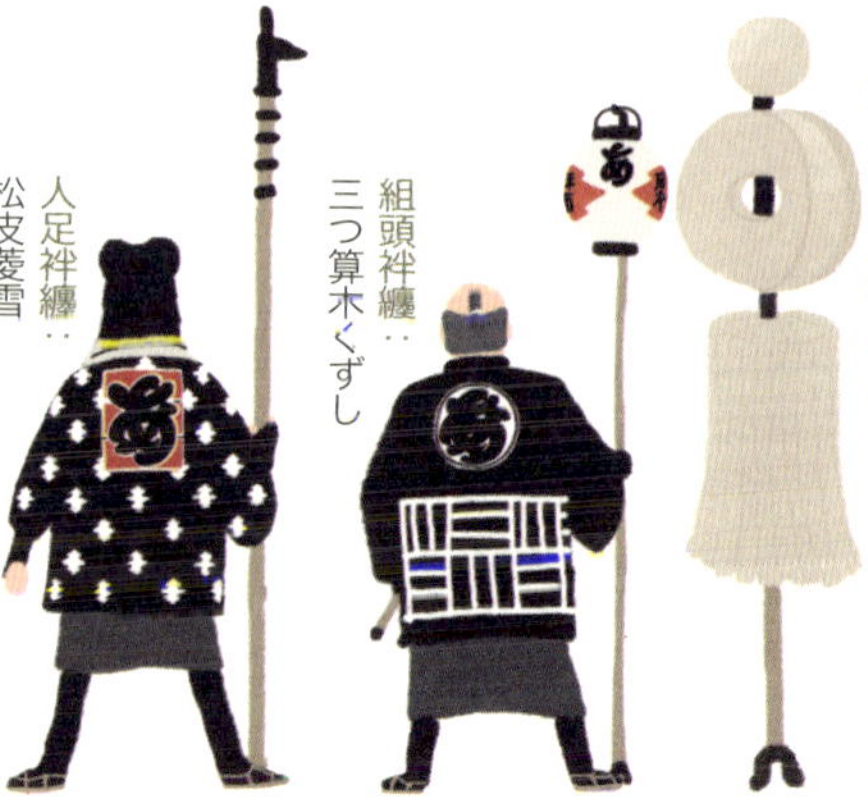

纏：芥子《けし》に蛇の目三方

組頭袢纏：三つ算木くずし

人足袢纏：松皮菱雪

さ組

芝松本町、増上寺辺、新細町、三田台町、三田豊岡町、上高輪町、功連寺前共。人足数：二百四人

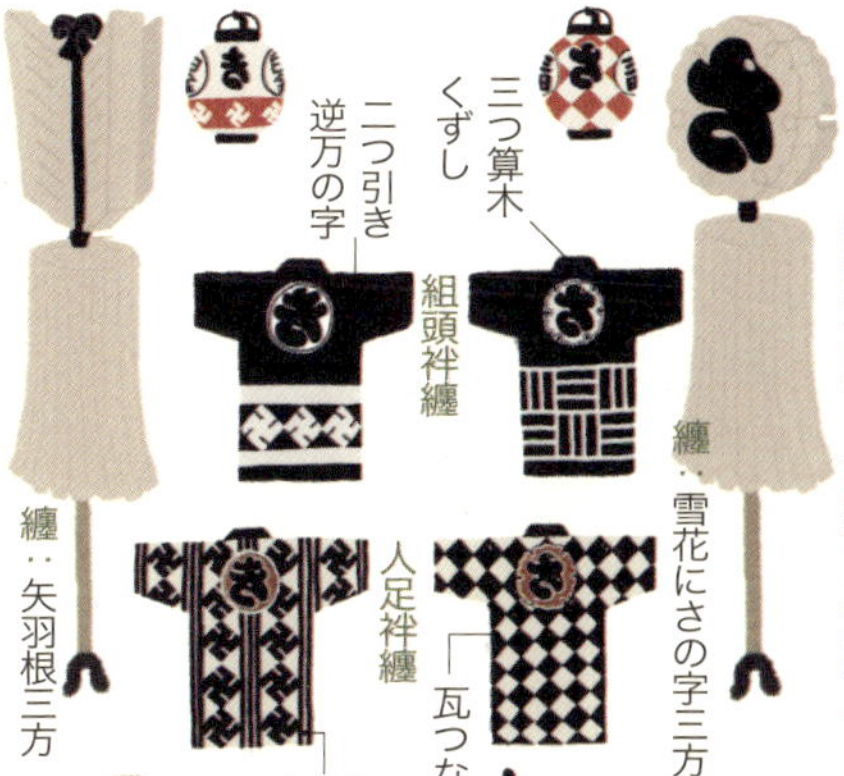

き組

白金猿町辺、妙玄院門前、品川台町、その他の寺院門前。人足数：六十五人

ゆ組

芝車町、下高輪町、泉岳寺、大仏両門前。人足数：五十五人

み組

芝金杉町辺、田町辺、本芝町辺、増上寺門前、安楽寺門前、西応寺町。人足数：百二十四人

本組

承教寺、広岳院、相福寺、上行寺、朗惺寺、黄梅院～二本榎寺社門前十一ヵ寺。人足数：二十五人

五番組

五番組・世話役袢纏

五番組・頭取袢纏：各組紋に鼓五の字つなぎ

く組

四谷伝馬町辺、麹町十一丁目～十三丁目、市ケ谷本村町辺。人足数：百八十七人

五番組・道具持袢纏：鼓五の字つなぎ 各組同じ

纏：四（四谷）の字に駒三方

組頭袢纏：加護くの字くずし

人足袢纏：くの字くずし総型

や組

半蔵門外、麹町辺、麹町三丁目裏、谷町辺、平河町辺。人足数：百十七人

纏：尖矢《とがりや》の字に駒三方

鼓五の字つなぎ

組頭袢纏

やの字つなぎ

人足袢纏

二つ引鱗つなぎ

二つ引鱗つなぎ

ま組

赤坂伝馬町、赤坂新町、麻布今井町。人足数：二百八十五人

纏：重ね鱗に駒三方

け組

元鮫ヶ橋辺、鮫ヶ橋谷町辺、四谷仲町辺。人足数：百十一人

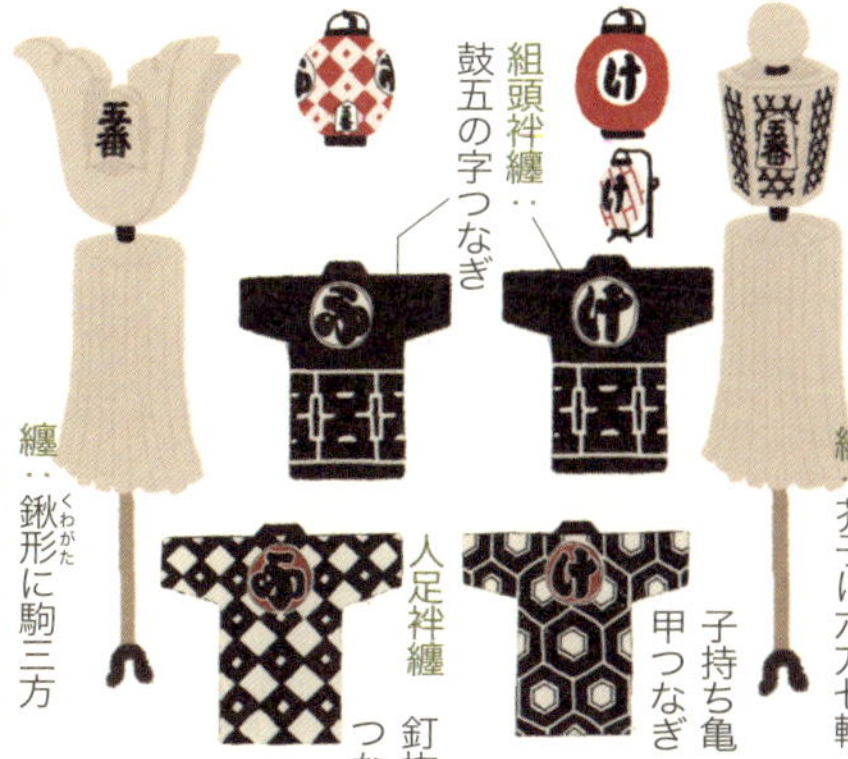

纏：芥子に六方七輪

組頭袢纏：鼓五の字つなぎ

人足袢纏：子持ち亀甲つなぎ

ふ組

青山御手大工町辺、青山御手浅河町辺、青山御手久保町辺。人足数：百人

纏：鍬形《くわがた》に駒三方

人足袢纏：釘抜きつなぎ

こ組

麻生宮益町、渋谷道玄坂辺、渋谷広尾辺。人足数：三十五人

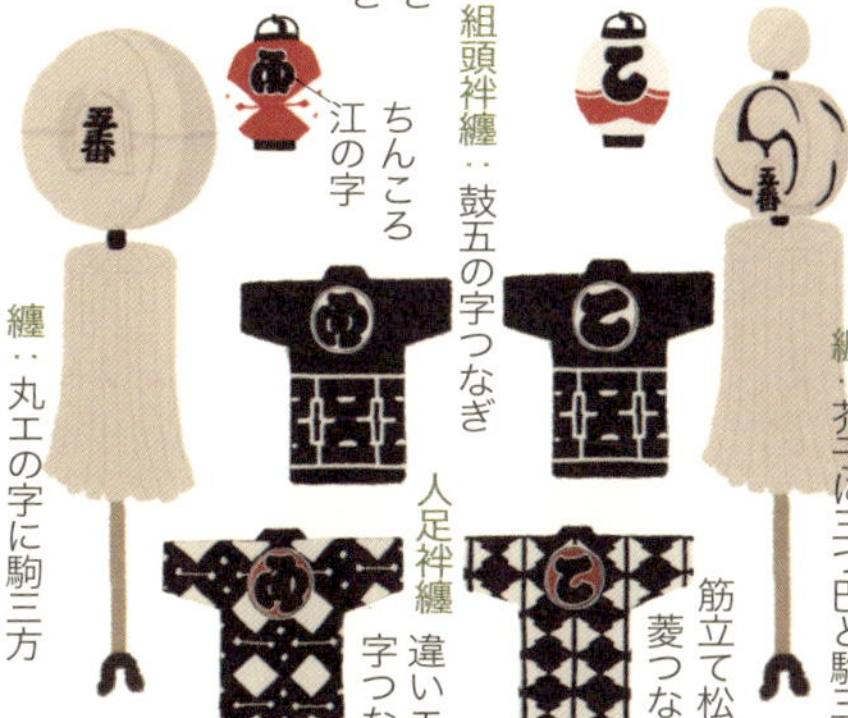

纏：芥子に三つ巴と駒三方

組頭袢纏：鼓五の字つなぎ

人足袢纏：筋立て松皮菱つなぎ

江組

麻布龍土町辺、飯倉六本木辺、本村町、桜田町辺。人足数：百四十四人

纏：丸エの字に駒三方

ちんころ江の字

人足袢纏：違い工の字つなぎ

し組

麻生市兵衛町、谷町辺、飯倉町辺、今井町辺、永坂町、麻布新細町辺、寺社門前。人足数：百三十二人

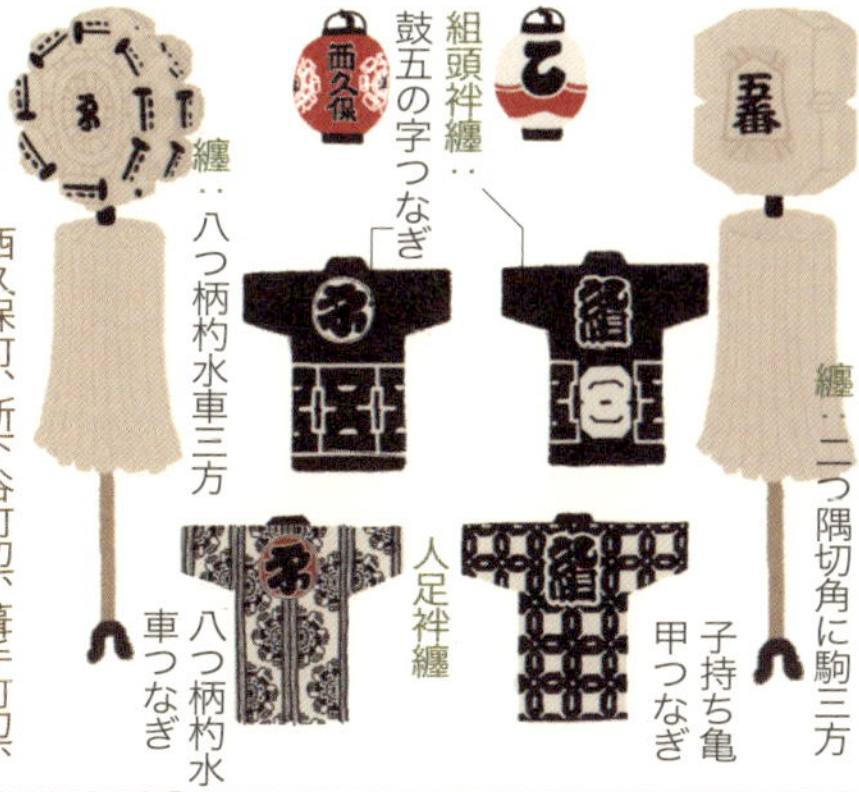

纏：二つ隅切角に駒三方

組頭袢纏：鼓五の字つなぎ

人足袢纏：子持ち亀甲つなぎ

ゑ組

西久保町、新下谷町辺、葺手町辺、富山町、青松寺門前。人足数：二百二十六人

纏：八つ柄杓水車三方

人足袢纏：八つ柄杓水車つなぎ

六番組

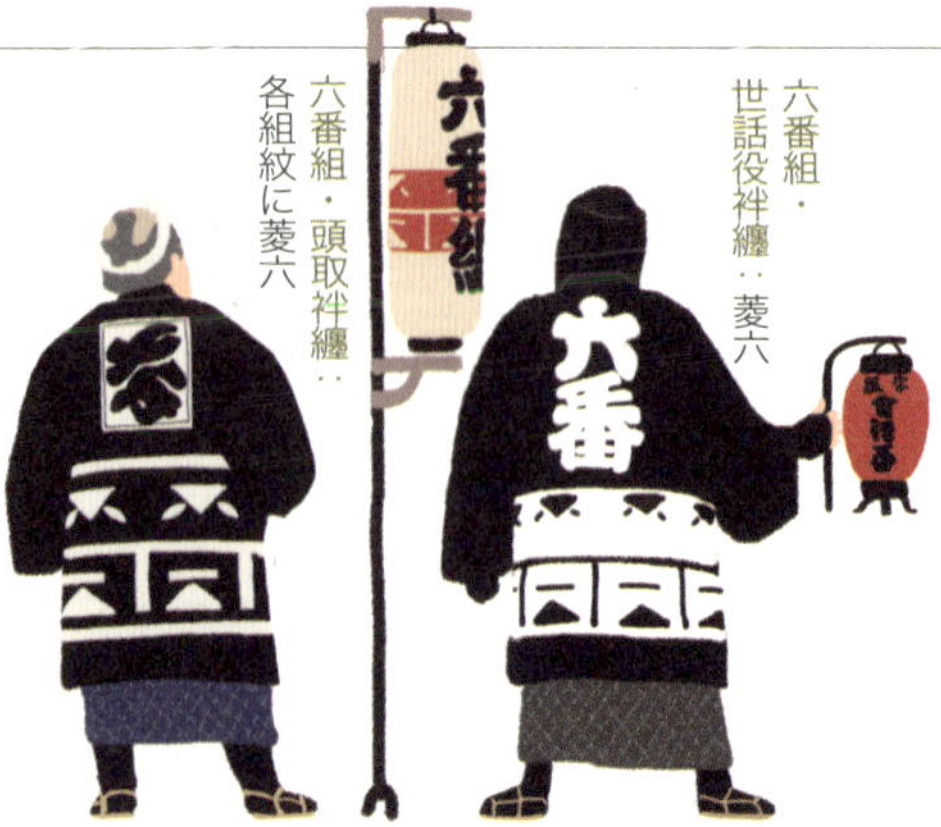

六番組・世話役袢纏：菱六

六番組・頭取袢纏：各組紋に菱六

な組

小石川、春日町辺、小石川伝通院門前辺。人足数：二百七十二人

六番組・道具持袢纏：菱六つなぎ各組同じ

纏：芥子に重ね違い蛇の目

組頭袢纏：違い厚輪つなぎ

人足袢纏：違い厚輪つなぎ

む組

小石川御箪笥町、小日向清水谷町、大塚町、三軒町、茗荷谷、金杉町、寺社門前。人足数：九十三人

纏：芥子に二つ蛇の目と駒

組頭袢纏：切餅碁盤縞

人足袢纏：切餅碁盤縞

う組

牛込改代町、関口水道町、関口筑土片町、音羽町辺、小日向水道町、八幡坂町、牛込水道町、馬場先片町。人足数：百三十人

組頭袢纏：二子子持縞に割井桁つなぎ

人足袢纏：二子子持縞に割井桁つなぎ

纏：芥子に井桁と駒

ゐ組

市ヶ谷田町辺、河原町、牛込肴町、払方町、御納戸町、津久戸町、寺社前。人足数：二百四十人

人足袢纏：琴柱《ことじ》つなぎ

組頭袢纏：琴柱つなぎ

纏：琴柱に駒

の組

牛込天神町、榎町、早稲田、馬場下町、供養塚、弁才天、寺社門前。人足数：百三十六人

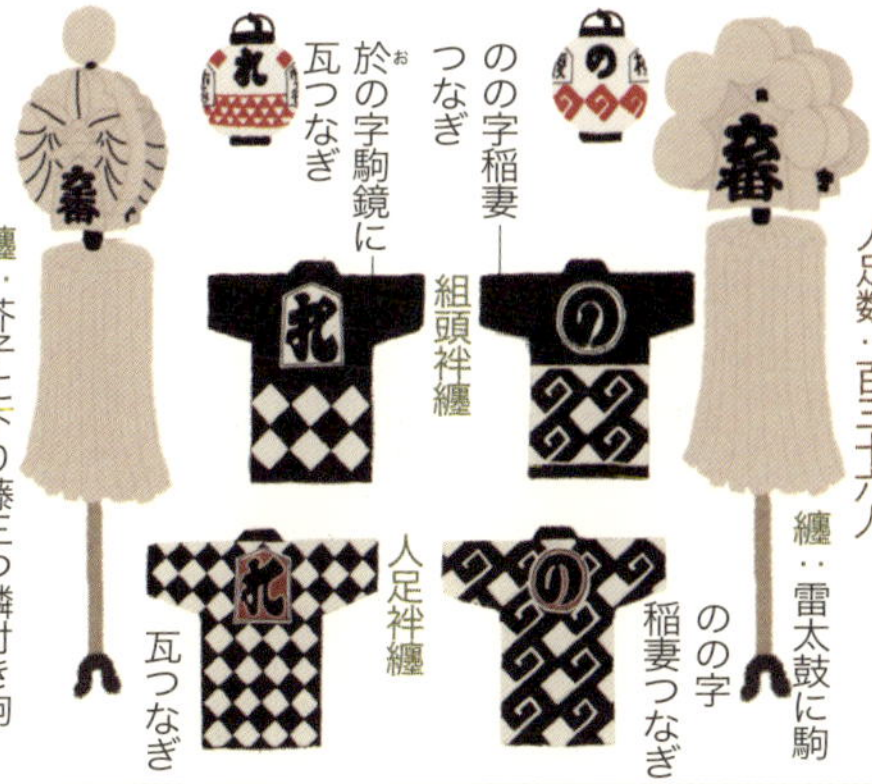

纏：雷太鼓に駒

組頭袢纏

の字稲妻つなぎ

於《お》の字駒鏡に瓦つなぎ

人足袢纏

の字稲妻つなぎ

瓦つなぎ

お組

市ヶ谷谷町辺、牛込原町辺、寺社門前。人足数：百十八人

纏：芥子に下り藤三つ鱗付き駒

八番組

八番組・世話役袢纏：角八の字

八番組・頭取袢纏：各組紋に角八の字つなぎ

八番組・道具持袢纏：角八の字つなぎ
各組同じ

ほ組纏：釘抜き三方

ほ組

浅草平右衛門町、茅町辺、旅籠町、森田町、猿屋町、天王町、瓦町、元鳥越町辺、寺社門前。
人足数：百三人

組頭袢纏：角八の字つなぎ

人足袢纏：隅持合い角八の字つなぎ

わ組

湯島天神下町、池之端中町、黒門町、大門町、下谷長者町、上野町、下谷町。人足数：三百二十人

か組

佐久間町辺、湯島町辺、旅籠町辺、湯島天神門前町、佐久間町明地の内側。人足数：三百三十三人

た組

春木町、本郷一〜六丁目。菊坂町、小石川片町、元町、竹町、本郷金助町、古庵屋敷。人足数：二百四十三人

九番組

九番組・世話役袢纏：角九の字つなぎ

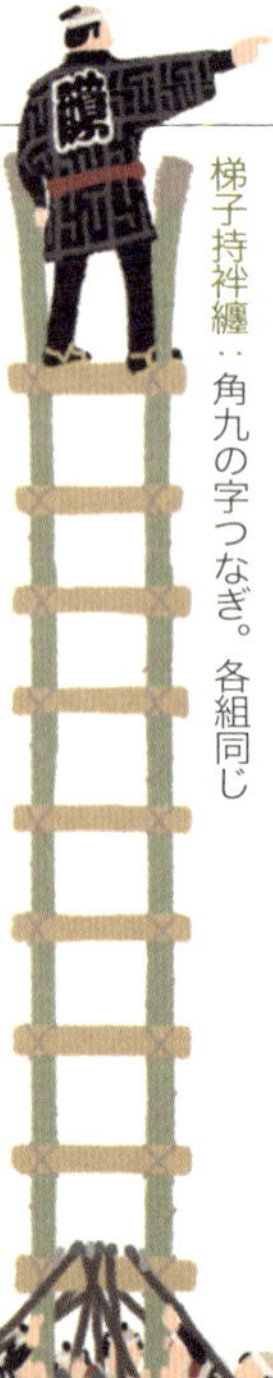

梯子持袢纏：角九の字つなぎ。各組同じ

九番組・頭取袢纏：各組紋に角九の字つなぎ

八番組・道具持袢纏：角九の字つなぎ各組同じ

れ組纏：厚輪大の字三方

今日でも出初式《でぞめしき》でみられる梯子乗は、火事場を確かめるために行われた、即席の火の見櫓

れ組

谷中感応寺門前町辺、谷中町、千駄木町辺、千駄木片町、三崎町、宮永町、池之端七軒町。人足数：二百二十五人

組頭袢纏：角九の字つなぎ

人足袢纏：厚輪大の字つなぎ

そ組

駒込片町、追分町、丸山新町、白山前町、指ヶ谷町、南片町、寺社門前。人足数：百三十六人

組頭袢纏：角九の字つなぎ

人足袢纏：菱碁盤縞

纏：鉢巻臼に駒三方

つ組

駒込浅嘉町、染井七軒町、染井千駄木町、染井片町、染井富士前町、肴町、寺社門前。人足数：百九人

纏：毘沙門剣《びしゃもんけん》三方

人足袢纏：毘沙門剣つなぎ

人足袢纏：菱碁盤縞

ね組

巣鴨町、七軒町、大原町、原町辺、火の番町、中町、御駕籠町、寺社門前。人足数：百二十六人

纏：持合い寸の字に駒三方

組頭袢纏：角九の字つなぎ

人足袢纏：持合い寸の字つなぎ

十番組

十番組・世話役袢纏：角十字つなぎ

十番組・頭取袢纏：各組紋に角十字つなぎ

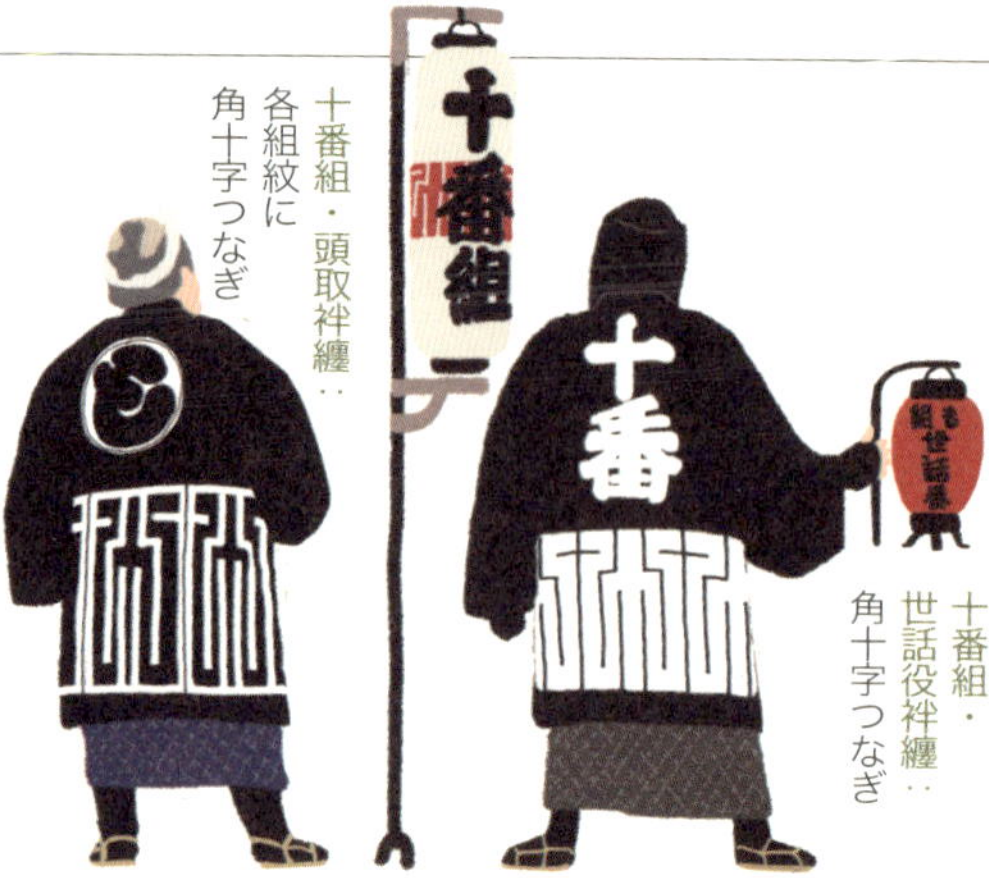

と組

浅草三軒町、黒船町、田原町辺、福川町、三間町。人足数：二百十三人

十番組・道具持袢纏：角十字つなぎ 各組同じ

纏：違い重ね蛇の目

組頭袢纏：角十字つなぎ

人足袢纏：違い蛇の目つなぎ

ち組

花川戸町、六軒町、山の宿町、山川町、聖天町、瓦町、田町、南馬道町。人足数：百二十一人

纏：蛇の目一の字つなぎ三方

組頭袢纏：角十字つなぎ

人足袢纏：蛇の目一の字つなぎ

り組

新鳥越町、浅草町、三谷町、今戸町、橋馬町、東禅寺、心光院門前、不動院門前。人足数：七十八人

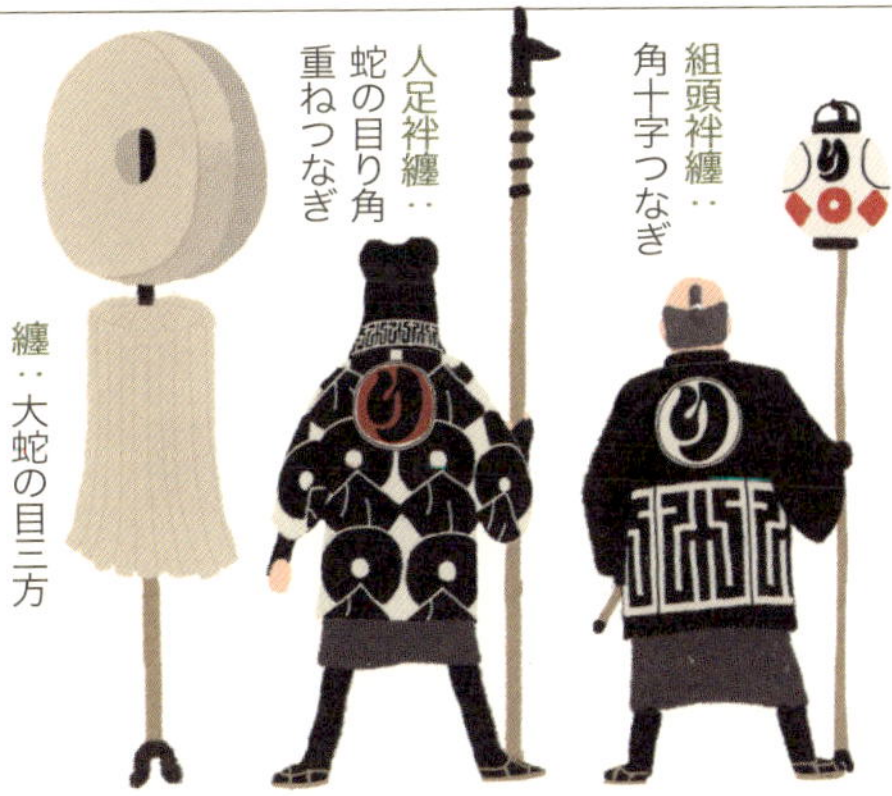

組頭袢纏：角十字つなぎ
人足袢纏：蛇の目り角重ねつなぎ
纏：大蛇の目三方

ぬ組

下谷通新町、龍泉寺町、上野領町、三ノ輪町、下谷金杉町。人足数：七十五人

る組

下谷車坂町、山崎分町、御切手町、御箪笥町、御具足町、山伏町、坂本町、金杉上野町。人足数：百五十五人

纏：天狗《てんぐ》の羽団扇《はうちわ》三方

纏：十字分銅にるの字三方

を組

阿部川町、浅留町、六軒町、大工屋敷町、辻番屋敷町、下谷小島町。人足数：二百八十九人

南組

南組・頭取袢纏：釘抜きつなぎ

一組

木場町、元加賀町辺、石島町辺、茂森町辺、等二十一町。
人足数：二十五人

南組・道具持袢纏：釘抜きつなぎ
各組同じ

纏：蛇の目に三つ鱗三方

組頭袢纏：鏡白の南

人足袢纏：朱鏡の南に釘抜きつなぎ

二組

黒江町辺、永代門前町辺、入舟町、宮川町辺。等十町。
人足数：百九人

纏：二つ算木に南の字三方

組頭袢纏：鏡白の蛤

人足袢纏：二つ算木に釘抜きつなぎ

三組

佐賀町辺、熊井町辺、西永代町辺、一宮町辺、等二十二町。
人足数：百六十三人

組頭袢纏：加護三つ算木つなぎ

人足袢纏：三つ算木に釘抜きつなぎ

纏：沢潟《おもだか》三方

四組

材木町辺、万年町辺、平野町辺、海辺大工町辺、等二十三町。
人足数：百十六人

纏：碇《いかり》四方

組頭袢纏：鏡白の四

人足袢纏：朱鏡の四釘抜きつなぎ

六組

海辺大工町、海辺裏町辺、清住町辺、霊厳島門前町、等四町。
人足数：五十五人

人足袢纏：朱鏡の六に釘抜きつなぎ

組頭袢纏：鏡白の南に加護六の字つなぎ

纏：大の字三方

中組

南組・頭取袢纏

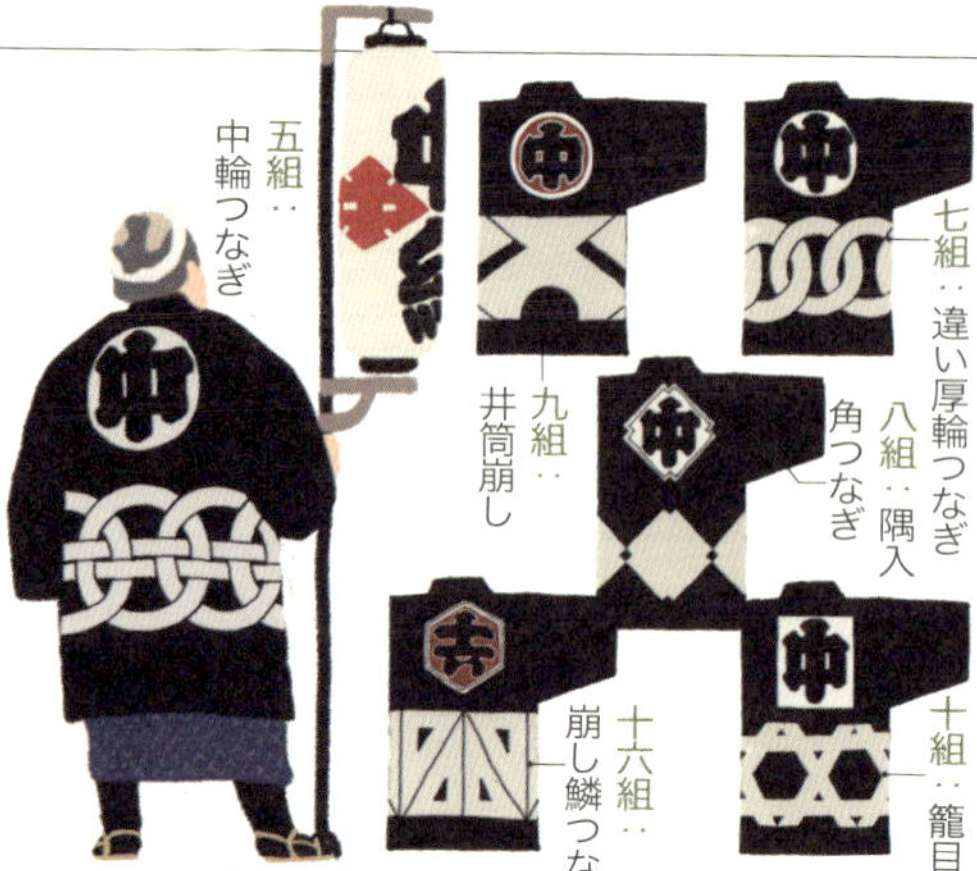

七組：違い厚輪つなぎ

八組：隅入角つなぎ

九組：井筒崩し

十組：籠目

十六組：崩し鱗つなぎ

五組：中輪つなぎ

五組

宮川町辺、扇橋町辺、猿江代地辺、等八町。人足数：四十二人

中組・道具持袢纏：菱中つなぎ各組同じ

纏：雷鳥帽子に閻魔の釘抜き

組頭袢纏：菱中つなぎ

人足袢纏：朱鏡の中に中輪つなぎ

七組

深川元町辺、六間堀町辺、森下町辺、御舟蔵前町、橋富町、八幡御旅所町、等七町。人足数：七十四人

纏：籠目芥子に蛇の目

組頭袢纏：加護違い厚輪つなぎ

人足袢纏：朱鏡の中に中輪つなぎ

八組

徳右衛門町辺、菊川町辺、松井町辺、林町辺、等十六町
人足数：百人

人足袢纏：朱鏡の中に中輪つなぎ

組頭袢纏：籠目つなぎ

纏：籠目壺

九組

猿江町辺、大島町、大島裏町、東町、等四町。人足数：三十五人

組頭袢纏：菱中つなぎ

人足袢纏：朱鏡の中に中輪つなぎ

纏：重ね井筒

十組

本所柳原町辺、茅場町辺、等九町。
人足数：五十人

纏：蛇の目に籠目芥子

組頭袢纏

菱中つなぎ

昼夜鱗つなぎ

籠目

人足袢纏

纏：三鱗に軍配団扇

十六組

北松代町辺、五ノ橋町辺、古元町辺、等七町。人足数：五十人

北組

北組・頭取袢纏

十三組：亀甲違いつなぎ

十三組：角立違い十字つなぎ

十四組：角立違い十字つなぎ

十五組：鍵崩しつなぎ

十一組：角立違い十字つなぎ

十一組

尾上町辺、緑町辺、元町辺、松坂町、亀沢町、等十六町。人足数：百五人

纏：福包《ふくづつみ》

組頭袢纏：加護角立北の字重ねつなぎ

人足袢纏：釘抜きつなぎ

十二組

緑町、花町辺、三笠町、吉田町辺、吉岡町辺、等十八町。人足数：百四十八人

纏：お捻《ひね》りに丸籠

組頭袢纏：加護角立北の字重ねつなぎ

人足袢纏：亀甲違いつなぎ

十三組

石原町辺、荒井町辺、中の郷町辺、番場町辺、等九町。人足数：九十五人

纏：椿成鏃《つばきなりやじり》

組頭袢纏：角北の字重ねつなぎ

人足袢纏：十字碁盤縞

十四組

中の郷元町、小梅代地辺、松倉町辺、瓦町辺、等十四町。人足数：五十一人

人足袢纏：隅入り角重ねつなぎ

組頭袢纏：加護隅入り角重ねつなぎ

纏：雲板《うんばん》

十五組

亀戸町辺、出村町辺、深川代地、等九町。人足数：六十人

組頭袢纏：加護角北の字つなぎ

人足袢纏：鍵崩しつなぎ

纏：違い鍵に駒

定火消《じょうびけし》

旗本が任命され火消屋敷に詰める火消組織です。宝永元年（一七〇四）には十組になり「十人火消」とも呼ばれます。各組、与力六騎、同心三十人、そして武家の次男三男や庶民から雇われた臥煙《がえん》（火消中間《ひけしちゅうげん》）約二百人で組織されております。町火消が活躍するようになってから徐々に減り、幕末には一組だけになりました。

裏が金色の白陣笠
御使番《おつかいばん》（裏金《うらきん》）：一番に駆け出し被災状況を収集

室賀兵庫

七千石・鉄砲組。守備：四谷御門内

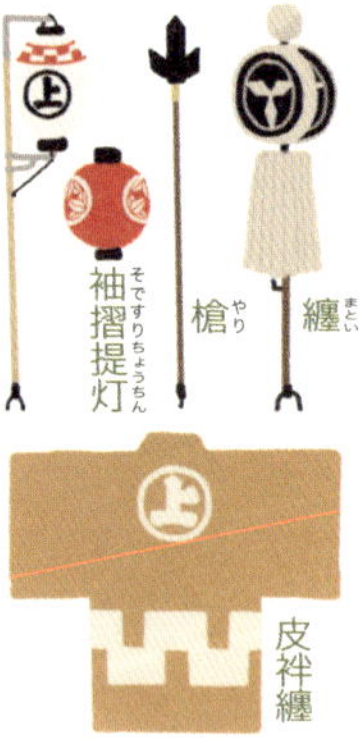
高張提灯

内藤外記

五千五百石・弓組。守備：駿河台

小笠原大膳

五千石・弓組。守備：赤坂御門外

坪内惣兵衛

五千五百石・鉄砲組。守備：飯田町

武田刑部

五千七百石・鉄砲組。守備：小川町

皆川左京

五千石・鉄砲組。守備：八代洲河岸

近藤宮内

四千五百石・鉄砲組。守備：麹町御門外

大久保宗三郎

五千石・弓組。守備：市ケ谷佐内坂

久世四郎

五千石・鉄砲組。守備：お茶の水

齊藤頼母

五千石・鉄砲組。守備：赤坂溜池

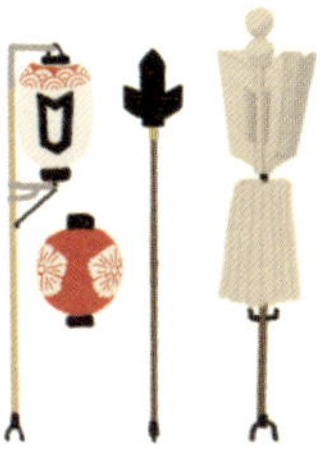

大名火消《だいみょうびけし》

諸大名が組織する火消で、屋敷とその周辺の消火をします。こちらは「加賀鳶《かがとび》」として有名な加賀藩と、享保年間（一七一六〜一七三六）に江戸城、幕府施設、寺院の消火を任された御役所附の大名火消です。

加賀金沢藩

百二万二千七百石

越後高田藩

榊原式部大輔・十五万石。守備：本丸

下総佐倉藩

堀田相模守・十一万石。守備：西ノ丸

常州笠間藩

牧野越中守・八万石。守備：紅葉山

丹波笹山藩

青山伯耆守・六万石。守備：吹上御上覧所

越後興坂藩

井伊伯耆守・二万石。守備：吹上

上野宇都宮藩

戸田越前守・七万八千石・守備：二ノ丸

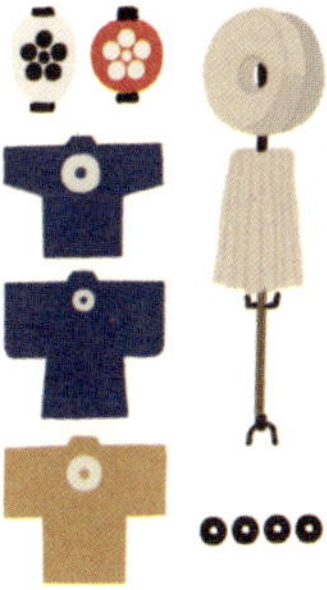

江州膳所藩

本多主膳正・六万石。守備：三ノ丸

土佐高知藩

松平土佐守・二十四万五千石。守備：浅草御蔵

奥州弘前藩

津軽出羽守・十万石。守備：本所御米蔵、猿江材木蔵

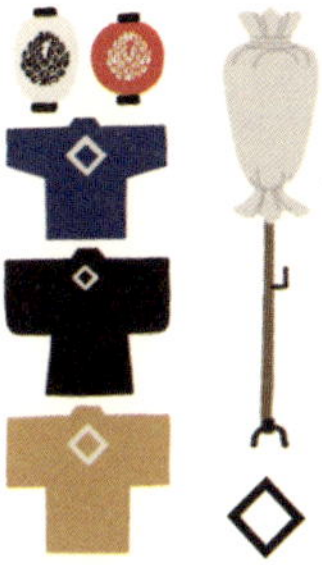

安芸広島藩

松平安芸守・四十二万六千石。守備：上野・寛永寺

筑後久留米藩

有馬中務大輔・二十一万石。守備：芝・増上寺

濃州高富藩

本庄大和守・一万石。守備：小石川・湯島聖堂

異国《いこく》

こちらでは、「世界民族図譜」と申します異国の人々の姿を描いた図鑑から、江戸の皆さんがみていた異国人の姿をご紹介します。これらの情報は阿蘭陀人《オランダ》が日本へ伝えたものですので、そのまま阿蘭陀の交易範囲と考えられます。中央・東南亜細亜《アジア》、阿弗利加《アフリカ》、南・北亜米利加《アメリカ》と広い地域に渡っています。これらの異国人の姿は、この一冊本に留まらず、その他の書籍や世界地図、果ては子供の双六《すごろく》まで、色々な形で発行されておりますので、皆さんがとても興味をもっていたことがわかります。

異国《いこく》

江戸時代といえば鎖国ですが、島原の乱以前は幕府も交易に熱心で、中国、朝鮮、琉球、アイヌの他に長崎から安南《あんなん》、マカオ、マニラ、柬埔寨《カンボジア》、暹羅《シャム》などに朱印船《しゅいんせん》を出して貿易を行っておりました。ですので、日本も欧羅巴《ヨーロッパ》と同じ頃に大航海時代を迎えており、決して航海や造船の技術がなかったわけではありません。

鎖国の主な理由は、切支丹《キリシタン》による反政府思想の流布を嫌ったからです。天皇や将軍より神（実際には宗教の指導者）が偉いとなりますと、幕府の政《まつりごと》、太平の世が成り立ちません。なにしろ当時の欧羅巴は宗教戦争と魔女裁判の真っ只中ですから、無理もありません。

絵は長崎に入港した阿蘭陀《オランダ》船です。鎖国時代になりますと、「布教活動をしない」「自分たちは切支丹ではない」と宣言した阿蘭陀人が日本との交易権を得ました。他の欧羅巴《ヨーロッパ》諸国は、阿蘭陀を「神を裏切り、金儲けをする輩」となじりました。しかし、当時の阿蘭陀は、一六世紀の中頃から八十年もの戦争の後、西班牙《スペイン》から独立して一時強国になりますが、一七世紀後半からしだいに国力が衰えます。そんな下り坂の国にとって、日本との貿易を独占できるというのは、とても幸運なことでした。

阿蘭陀は日本の着物や漆器、陶器などを持ち帰り、高い値段で近隣諸国へ売りました。当時、欧羅巴の人々は上流階級でも、食事は木の器を用い手づかみで食べており

ました。東洋のマナーの良い国から輸入される食器は、富裕層の憧れの品となり、衛生観念と食事のマナーの進歩に少なからぬ影響を与えたといわれております。

朱印船《しゅいんせん》貿易航路

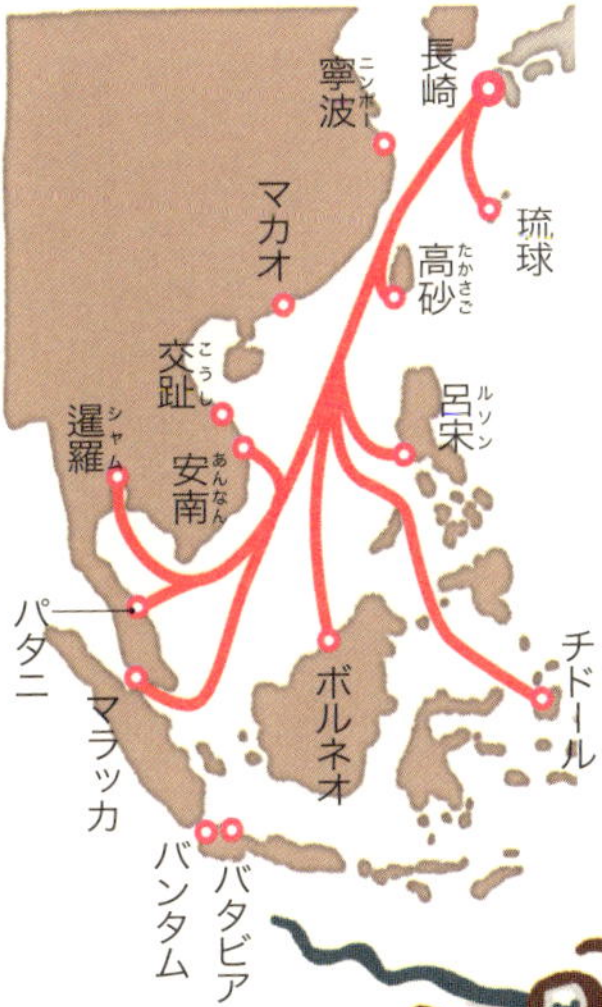

異国人《いこくじん》

こちらは江戸初期に制作されました「世界民族図譜」の一部です。鎖国とはいえ、当時の人々が外国にとても興味を持っていたのがわかります。これらの情報は主に長崎に来港した阿蘭陀《オランダ》人から届けられました。

豊かな階級の男女が描かれておりますが、「伊太利亜《イタリア》人」の女性は頼もしく、麺棒らしきものを持っているのが面白いですね。中には「小人」なんてのもございますが、これも冗談ではなく、当時の欧羅巴《ヨーロッパ》の人々は、世界のどこかに小人の国があると信じておりました。

阿弗利加《アフリカ》人

あるめにあ人

英吉利《イギリス》人

伊太利亜《イタリア》人

阿蘭陀《オランダ》人

小人《こびと》

しゃむ人

じゃわ人

西班牙《スペイン》人

土耳古《トルコ》人

伯剌西爾《ブラジル》人

波斯《ペルシャ》人

葡萄牙《ポルトガル》人

もんごる人（印度《インド》人）

るそん人

露西亜《ロシア》人

清国人《しんこく》

朝鮮人

長人《ちょうじん》

明国人《みんこく》

韃靼人《だったん》

「波斯人《ペルシャ》」は今日のイラン人で、「明国《みんこく》」と「清国《しんこく》」は共に今の中国人です。「るそん人」は比律賓人《フィリピン》ですが、比律賓政府というと、占領していた西班牙人《スペイン》をさします。「長人」は顔は亜細亜《アジア》っぽいですが、阿弗利加《アフリカ》に住む長身の民族だそうです。「韃靼人《だったん》」はモンゴル人を申します。

参考文献

本書を作るに当たって、下記の書籍を参考にさせていただきました。

「江戸三大火消図鑑」 東京消防庁・江戸火消研究会
「江戸商売図絵」 三谷一馬　中公文庫
「江戸職人歌合」 古書
「江戸職人図聚」 三谷一馬　中公文庫
「江戸のきものと衣生活」 丸山信彦　小学館
「江戸の生活図鑑」 笹間良彦　柏書房
「江戸乃華」歌川広重　古書
「江戸の生業事典」 渡辺信一郎　東京堂出版
「江戸の夢の島」 伊藤好一　吉川弘文館
「江戸見聞録」 江戸文化歴史検定協会　小学館
「江戸藩邸物語～戦場から街角へ～」 氏家幹人　中公新書
「江戸名所図絵」 古書
「江戸名所図絵を読む／続江戸名所図絵を読む」 川田壽　東京堂出版
「大江戸死体考」 氏家幹人　平凡社新書
「甲子夜話　松浦静山」 平凡社東洋文庫
「きき書き六万石の職人衆」 岩本 由輝　刀水書房
「古写真で見る江戸から東京へ」 鈴木 理生、小沢 健志　世界文化社
「写真で見る幕末・明治」 小沢健志　世界文化社
「職人絵尽」 海北友雪　古書
「職人尽発句合」 古書
「人倫訓蒙図彙」 平凡社東洋文庫
「道具から見た江戸の生活」 前川久太郎　ぺりかん社
「刀剣鑑定の基礎知識」 芝田和夫　雄山閣出版
「徳川の国家デザイン」 水本邦彦　小学館
「内藤清成と高遠内藤家展」 新宿博物館
「日本女装変遷史」 上田定緒　装道出版局
「日本の近世⑰　東と西　江戸と上方」 青木美智男　中央公論社
「誹風種瓢」 古書
「広重と浮世絵風景画」 大久保純一　東京大学出版会
「纏」 柳宗理　芸艸堂
「都風俗化粧伝」 佐山半七丸　平凡社
「見る・読む・調べる　江戸時代年表」 山本博文　小学館
「守貞漫稿」 平凡社東洋文庫
「和漢三才図会」 平凡社東洋文庫

協力＝東京消防庁 消防防災資料センター 消防博物館

著者プロフィール

【善養寺ススム】 1965年生まれ。江戸文化研究家・イラストレーター。時代絵巻作家として、麹町や四谷～内藤新宿～淀橋などの町の様子を再現する絵巻作品を描く。東京造形大学非常勤講師として、サスティナブルデザイン論で「文化利用」(歴史や文化の利用ルールやトラブル回避について) を教える。
著書に『江戸の用語辞典』『江戸の人物事典』『江戸の女子図鑑』『江戸の妖怪図巻』『江戸の町とくらし図鑑 商店と養生編』(いずれも弊社刊)。『東海道中栗毛弥次馬と江戸の旅』(洋泉社刊)。英語版『The Illustrated Guide to The Fantastic Edo Era』(入谷のわき書庵刊)。フランス語版『FANTASTIQUE EDO』(Le Lézard Noir 刊) などがある。

編集＝牧浦千晶・甲良みるき
装丁・デザイン＝A/T Harvest・入谷のわき
http:/www.nowaki.jp

江戸人文研究会Facebookページ
https://www.facebook.com/edojiten

校正＝矢島規男
企画・編集＝野田恵子（廣済堂出版）

絵でみる
江戸の町とくらし図鑑

2011年6月1日 第1版第1刷
2023年12月8日 第1版第12刷

善養寺ススム　文・絵
江戸人文研究会　編

発行者 伊藤岳人
発行所 株式会社 廣済堂出版
〒101-0052 東京都千代田区神田小川町
2-3-13 M&C ビル 7F
電話 編集 03-6703-0964
販売 03-6703-0962
FAX 販売 03-6703-0963

振替 00180-0-164137
URL https://www.kosaido-pub.co.jp/

印刷・製本 三松堂株式会社
ISBN978-4-331-51530-3 C0521

廣済堂出版のオススメ時代小説

※価格はすべて税込です　※2011年4月現在

藤原緋沙子

隅田川御用帳シリーズ

「時代小説の女王」の大好評デビュー作！　縁切り寺の御用をつとめる寺宿「橘屋」の女将・お登勢と用心棒・塙十四郎が女と男の愛憎劇を人情裁き。

雁の宿　600円
花の闇　600円
螢　籠　630円
宵しぐれ　630円
おぼろ舟　630円
冬　桜　630円
春　雷　630円
夏の霧　630円
紅　椿　630円
風　蘭　650円
雪見船　630円
鹿鳴の声　630円
さくら道　630円
日の名残り　600円
全14巻

喜安幸夫

大江戸番太郎事件帳シリーズ

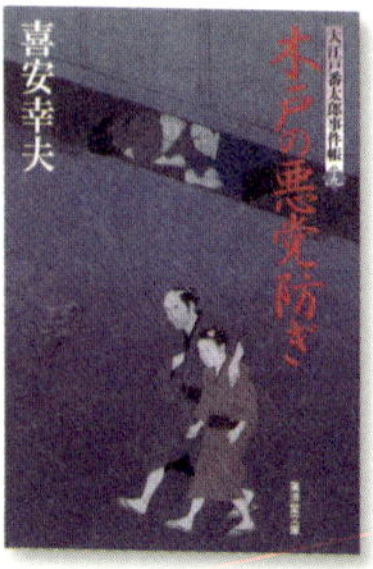

大盗賊という重い過去をもつ木戸番の裏成敗！　四谷左門町の木戸番・杢太郎は、おのれの過去を断ち、家族同然の町民の平穏を守るため、密かに悪党退治。

木戸の闇裁き　650円
殺しの入れ札　600円
木戸の裏始末　650円
木戸の闇仕置　630円
木戸の影裁き　650円
木戸の隠れ裁き　650円
木戸の闇走り　650円
木戸の無情剣　650円
木戸の闇同心　650円
木戸の夏時雨　660円
木戸の裏灯り　660円
木戸の武家始末　650円
木戸の悪人裁き　650円
木戸の非情仕置　650円
木戸の隠れ旅　650円
全19巻

佐々木裕一

大注目！
気鋭の大型新人

見古藩国家老の嫡男から冷や飯食いに成り下がった春山佐之介は密命をおびて江戸へ、と旅立つが…。女に弱いが悪にはめっぽう強い佐之介の波乱万丈の痛快時代小説。

佐之介ぶらり道中①　630円
佐之介ぶらり道中②　箱根峠の虎次郎　630円

今井絵美子
照降町自身番書役日誌シリーズ

雁渡り　630円
寒雀　650円
虎落笛　630円
夜半の春　630円
雲雀野　600円
全5巻

武家を捨てた喜三次と照降町の人々の人間模様。自身番書役・喜三次のもとへ持ち込まれる事件に怒り、癒され、涙する日々を繊細な筆致で描く市井人情シリーズ。

和田はつ子
余々姫夢見帖シリーズ

笑う幽霊　630円
姉さま人形　600円
竹馬名月　600円
夕顔殺し　630円
判じ絵殺し　630円
鬼法眼　630円
母子幽霊　630円
全7巻

将軍の息女・余々姫は、類まれな美貌と夢で死者と交信できる超能力の持ち主。身分を隠し、その不可思議な力で市井の難事件を次々と解決していく。

和久田正明
八丁堀つむじ風シリーズ

月の牙　630円
風の牙　630円
火の牙　630円
夜の牙　650円
鬼の牙　630円
炎の牙　650円
氷の牙　650円
紅の牙　630円
妖の牙　630円
海の牙　630円
全10巻

許せぬ悪には手向かい無用！　大江戸八百八町の正義を守る南町奉行所の成沢東一郎をはじめとする花形同心たちの活躍を描く。粋な十手が悪を絶つ！